世界史の教室から

小田中直樹
Odanaka Naoki

山川出版社

はじめに

　2006年秋，高等学校（高校）地理歴史科世界史の未履修問題が明らかになった。この問題をめぐっては，受験生のことを考えれば緩和措置もやむをえないとか，緩和措置は他の生徒との公平を欠くとか，ルールはルールであるとか，世界史の必修を定めた『学習指導要領』（以下『要領』）に法的な拘束力はないとか，識者からさまざまな見解が示された。
　考えてみるまでもなく，これはまさに教育問題である。それなのに，この議論では，どういうわけか，教育の最前線にいるもの，つまり教員の顔がみえなかった。声が聞こえなかった。意見が重視されなかった。いわば現場にいる存在たる教員の顔と声と意見がみえない議論を，かつてある教育学者は「飲み屋談義」と喝破したのではなかったか。
　多くの教員は，『要領』の規定と，受験勉強の要請と，そして理想の教育イメージの狭間で，それでもさまざまな工夫と苦労をつみかさねているはずである。ぼくらは，教育の現場という矛盾の結節点にいて，日々闘っている彼（女）たちをして語らしめるべきではないのだろうか。教員をして語らしめよ。
　本書に結実した企画そのものは，数年来すすめられてきたものであり，件の未履修問題に端を発するものではない。ただし，本書の基本的な発想は，この「教員をして語らしめよ」という一文に集約されている。

　本書の課題は，歴史にかかわる教育の現場ではどのような授業が聞き手の心をつかんでいるか，魅力的な授業をするために教員はどのような努力をしているか，そして，魅力的な授業をしている教員の営為からぼくらはなにを学べるか，こういった点を明らかにすることにある。
　それでは，初等教育から高等教育までのなかから，どの教育段階を，そしてどの科目を，対象として選ぶべきか。この点については，いろいろな立場がありうるだろう。ただし，現在，小中学校の社会科では歴史教育の比重がいちじるしく下がっているため，歴史教育の場としてもっとも大切なのは高校である。さらにまたぼくの知識が世界史に偏っているという事情も勘案し，本書では高校世界史の授業をおもな分析対象にする。

この課題にとりくむべく，まず，元高校生たる大学生を対象に，彼(女)たちが高校でうけた世界史の授業についてアンケート調査をおこなった。その結果を分析すれば，高校世界史教育ではどのような授業が高校生の心をつかんでいるかを明らかにできるだろう。つぎに，そこにおいてすぐれていると評価された教員に対して，おもに授業の内容についてアンケート調査とインタビュー調査をおこなった。その結果を分析することにより，彼(女)たちの授業の特徴はなにか，魅力的な授業とはなにか，そのためにどのような努力がなされているか，こういった点を明らかにしたかったからである。
　このような方法(詳細は後述)を採用したことから，本書では，主要インフォーマントたる高校世界史担当教員の発言をできるだけ多く，そしてそのまま引用するようにした。饗庭直人，赤間幸人，阿部和彦，荒井暁，安治誠一郎，安藤昌俊，石原茂樹，井上浩，今泉博，入江吉晴，岩瀬俊彦，大島誠二，小篠尚樹，音川俊恵，海津憲太郎，柿崎秀紀，笠松弘，勝木茂雄，加藤誠一郎，金子直子，鎌田隆，菊池東延，絹岡秀嗣，桐山智夫，黒河潤二，幸田和洋，佐々木利昌，塩野谷英彦，清水孝一，常光寺一夫，白木國彦，高橋賢吉，高橋誠，中奥忠明，中森司，中山聡，納谷泰文，橋本達也，華輪健治，船木元，松原敏夫，松本領子，光田耕平，宮本竜彦，森田和明，屋敷健一，山内英正，山田雄一，吉崎文夫，吉嶺茂樹，渡辺和也，以上51人の先生がたは，本当にお忙しいなか，数時間から場合によっては丸一日を，ぼくとの対話にあてていただいた(なお，後述するとおり，氏名を本書で明示することについては，51人すべてから同意を頂いている)。ここに，心から謝意を表したい。

　ただし，本書の目的は，高校世界史の教室の現状を明らかにすることにとどまるものではない。歴史はいかに語られるべきかについて考察すること，これが本書の最終的な目的である。
　それにつけても「歴史はいかに語られるべきか」とは，あまりにも茫漠とした問題設定にみえる。
　それでは，このような課題にとりくむ際に着目するべきはなにか。それは，まずもって学校教育である。日常生活のなかで最初に歴史を教わる場は，たいていは学校の授業だからである。
　それでは，学校教育に接近するに際して重視されるべきはなにか。それは，どのような授業がなされているかを明らかにすることである。たしかに，教

科書や，さらには教育内容の大枠を定める『要領』は，学校教育における授業内容に対してゆるやかに影響をあたえる可能性が大きい。ただし，本来学校教育では「教科書を教える」のではなく「教科書で教える」ことになっていることを想起するだけでも，教科書の記述内容を分析したりあるべき教科書を考えたりすることにとどまらず，教育の現場をみる必要があることがわかるはずである。授業でなにが，いかに教えられているかを具体的に知り，授業でなにを，いかに教えればよいかを考えなければならない。そうすれば，歴史にかかわる知識をしっかりと語るための，なんらかのヒントが発見できるかもしれない。

　まとめよう。本書では，高校世界史の授業で，いま，なにが，どのように教えられているかを明らかにし，それにもとづいて歴史の語りかたを考えてみることにしたい。

　それでは，あるべき教育の姿は，この問題をとりあつかう学問領域である教育学において，これまでどう論じられてきたか。授業の目的と方法にわけて，この点を簡単に確認しておきたい。

　まず，授業の目的をめぐる研究史をみてみよう。高校の世界史教育についてみると，1989年に『要領』が改訂されて地理歴史科が登場するまでは，世界史は社会科に属していた。そして，社会科という教科の目的は，最初の『要領』たる1947年度『学習指導要領社会科編(試案)』第1章によれば「青少年に社会生活を理解させ，その進展に力を致す態度や能力を養成する」ことにあった。社会科の一環としての世界史の授業についても，事情はかわらない。世界史を学ぶ目的は，社会生活をいとなむのに必要な，なんらかの知的な能力を身につけることにあったのである。

　また，社会科教育学という学問領域をみると，高校世界史を含めた社会科の授業の目的はなんらかの知的な能力の育成であるとする点で，大方の意見は一致してきた。大学の教員養成系学部で社会科教育学を担当する教員が一堂に会してすすめられた共同研究の報告書によれば，社会科教育の目的は「公民的資質の形成」であり，そのためには「課題化的認識の方法によって，歴史像の形成を主体的に行わせる」ことが必要である。そして，ここでいう「歴史像の形成というものは，実態としての歴史が確固としてあって，学習者がそれをしだいに解きあかしていくというのではなく，むしろ，自分をと

りまく世界をどう総括するかという課題と向き合うなかでしか姿をあらわさないものである」[佐藤他 138-139頁]とされている。

　ただし，その一方で，歴史を理解するには，あれやこれやの史実や人名や年号といった個別の知識をおぼえなければならない。それでは，世界史の授業の目的については，個別の知識を学ばせることを重視するべきか，それとも知識をもとにしたなんらかの能力を身につけさせることを重視するべきか。ここからは，授業の目的をめぐる「知識か，能力か」という対立軸が導出できる。

　つぎに，授業の方法をめぐる研究史をみてみよう。第二次世界大戦後から今日まで，あるべき授業の方法をめぐる議論は，おもに，教えこむことと学ばせることのどちらを重視すればよいかという問題をめぐって闘わされてきた。世界史教育についても，この点をめぐってさまざまな見解がだされ，論争がなされてきた。たとえば，石山久男(以下すべて敬称を略する)によれば，1970年代の「「動く社会科」論争」と1990年代の「「教え」と「学び」論争」は，ともに「「教師の指導性」がいずれにしても重要な役割を果たすこと」を前提としたうえで「そのさいどういう指導性を発揮すべきなのか」という問題をめぐっておこなわれた[石山他 10頁]。

　あるいはまた『要領』の歴史をみると，みずから学び，考える際に必要な「生きる力」の育成を重視する「生活経験主義」的な学力観と，学習内容の「基本・基礎」を重視する「系統主義」的な学力観が「いくどか主役を交代しながら現在に至っている」[庄司 2頁]ことがわかる。つまり，最初の『要領』(1947年)ははっきりと生活経験主義の立場にたっていたが，1958年版『要領』は一気に系統主義に傾斜する。ところが，1970年版は「ゆとり教育」をうちだし，ふたたび生活経験主義に接近する。その延長線上に，「新しい学力観」をキーワードとする1989年版『要領』と，「生きる力」という概念を提案して賛否両論をまきおこした1999年版『要領』が発表されたのである。

　かくのごとく，第二次世界大戦後の日本では，教えられなければならない教育内容があたえられている，生徒(学生)に自発的に学ぶ意欲がなければ理解させることはむずかしい，という２つの前提のもとで，「教えこむこと」と「自発的に学ばせること」という一見二律背反な２つの目的を同時に追求する方法が探求されてきた。ここからは「興味関心を喚起することを重視するか，知識を教えこむことを重視するか」という対立軸が導出できる。そ

して，高校の世界史教育もまたその例外ではない。

　すぐれた授業のありかたを考えるには，授業の目的と方法にかかわる2つの対立軸に即して，さらに可能であれば両者を関連させて，議論をすすめなければならないだろう。

　このように研究史をふりかえったうえで，しかしながら，高校世界史の教育現場ではさまざまな授業がなされているはずである。すぐれていると評価される授業だけをとってみても，さまざまなものがあるにちがいない。もしもそうだとすると，すぐれた授業のありかたを一律に規定することはなかなかむずかしそうである。それでは，すぐれた授業のありかたに共通点はないか。もしも共通点があるとしたら，それはなにか。

　このような地点にまでたちかえると，すぐれた授業のありかたについて，ある程度の根拠をもつ仮説をたてることはむずかしくなる。むしろ，すぐれていると評価された授業の特徴を析出し，それらの共通点を探るほうが，とりあえずは生産的だろう。本書は現状の把握から始める，いわば帰納的なアプローチを採用するが，その背景にはこのような判断がある。

　さらにいえば，本書がとりくもうとしている問題は，なにも高校教育だけにかかわるものではない。ここで現出する問題は，あらゆる知識の発信者と受信者の関係にあてはまる。知識の発信者は教員でなくてもかまわないし，知識の受信者は生徒でなくてもかまわない。高校世界史の授業は，歴史にかかわる知識を送信者(教員)が受信者(生徒)に伝達する点で，ひろく歴史学一般の営為と同じ構造をもっている。したがって，これらの問題を検討すれば，歴史学一般の今後を考えるうえで有益な知見が得られるかもしれない。歴史にかかわる知識を発信し，それを人びとの耳に届かせることを望むものすべてにとって，この作業は有益にして不可欠ではないだろうか。

目　次

第1章　大学生に対するアンケート調査の分析 —— 011
1. 大学生アンケート調査の概要　011
   生徒を対象にすることの意義／元生徒を対象にすることの意義／アンケート調査の概要
2. 授業がすぐれていると判断する根拠の分析　015
   根拠の頻度／根拠間の相関／のこされた問題

第2章　高校教員に対するアンケート調査の分析 —— 023
1. アンケート調査の分析　その1　平均値と標準偏差　023
   アンケート・インタビュー調査の概要／アンケート調査の概要／平均値／標準偏差／平均像と，のこされた問題／見解の対立と，のこされた問題
2. アンケート調査の分析　その2　因子分析　030
   因子分析／因子の解釈／寄与率の解釈／思考力の育成，史実の説明，興味関心の喚起／因子得点の解釈／のこされた問題

第3章　高校教員に対するインタビュー調査の分析　その1　なぜ歴史を語るのか —— 038
1. 課題と方法　038
   高校教員インタビュー調査の目的／インタビュー調査の分野と設問／研究史の回顧／史実の教授／思考力の育成
2. 歴史は役に立つか　042
   役に立つか否か／実践的有用性の根拠／歴史の真実にいたることはできるか／思考力と知識は，どちらが先に立つか／2つの立場
3. 思考力とはなにか　050
   批判的に考える力／「つなぐ力」と「くらべる力」／思考力育成の可能性と必要性／思考力育成の目的
4. 思考力育成の方策　その1　「つなぐ力」　055
   「なぜか」を考える／因果関係を把握する／因果関係をとらえることの意義
5. 思考力育成の方策　その2　「くらべる力」　059
   多様性を認識する／歴史にかかわる解釈や説明は相対的なものである／多様性を認識することの意義／のこされた問題

第4章　高校教員に対するインタビュー調査の分析　その2　歴史をいかに語るべきか ―― 065

1. 課題と方法　065

    課題と方法／研究史の回顧　その1　教育方法論／研究史の回顧　その2　発達心理学

2. 興味関心か，知識か　067

    教員のしごと／興味関心と知識は，どちらが先に立つか／興味関心の喚起を優先する立場／知識の教授を優先する立場／両者は同時にすすむとする立場

3. 興味関心喚起の方策　その1　さまざまな教授法　074

    コミュニケーション／コミュニケーションの目的／コミュニケーションの方策／コミュニケーションの前提条件

4. 興味関心喚起の方策　その2　つなぐ　081

    つなぐことから興味関心がうまれる／既存の知識とつなぐ／「いかに生きるべきか」という問題とつなぐ／因果関係をもちいて，史実と史実をつなぐ／今日性という視点でつなぐ／思考する機会を提供することによってつなぐ／「わかった」という経験をさせることによってつなぐ

5. 興味関心喚起の方策　その3　くらべる　088

    くらべることから興味がうまれる／選択の機会を提供する／歴史のダイナミズムを感得する／のこされた問題

第5章　因果をいかにたどるか ―― 093

1. どうつなげば役に立つか　093

    歴史をたどる，歴史を役立たせる／起源としての過去を求める／教訓としての過去を求める／起源としての過去，教訓としての過去

2. 因果関係の語りかた　099

    議論の背景／自然主義的アプローチと「説明」／歴史主義的アプローチと「理解」／もうひとつのアプローチ／「個々の史実を，因果関係に着目して分析する」という手続き／ツールとしての理論／決断主義からコミュニケーション論へ／コミュニカティヴな科学としての歴史学／因果関係の語りかた／のこされた問題

第6章　いかに他者に接近するか ―― 119

1. 比較，相対化，他者理解　119

    比較から相対化へ／相対化から他者理解へ

2　主体はいかに相対化されうるか　122
主体の相対化／歴史の語り手を相対化する必要性／「思考力育成のために説明をおしつける」という自己矛盾／どこまで説明してよいか／複数の解釈を提示する／歴史の語り手は相対化しうるか／歴史の聞き手を相対化することの可否／歴史の聞き手は相対化されうるか

3　他者の語りかた　131
アクチュアルな問題としての他者理解／他者理解とはなにか／他者理解の困難／クレオール性への着目／オリエンタリズムというアポリア／集団の問題から個人の問題へ／個人の次元における他者とはだれか／差異は敵対のリスクをはらんでいる／差異はメリットをもたらすか／のこされた問題

終章　歴史の語りかた ── 146
「つなぐこと」と「くらべること」／つなぐ論理，くらべる論理／世界システム論と社会史学／世界システム論という方法／世界システム論と歴史教育／世界システム論は重要である／世界システム論はヨーロッパ中心主義的である／世界システム論はむずかしい／世界システム論のポテンシャル／社会史学という方法／社会史学と歴史教育／社会史学の意義をめぐる2つの立場／社会史学のポテンシャル／歴史の語りかた

付　表　163
引用文献　175
あとがき　181

第1章
大学生に対する
アンケート調査の分析

1　大学生アンケート調査の概要

生徒を対象にすることの意義

　本書の分析の出発点をなすのは，全国の大学生に対しておこなったアンケート調査である。本章では，その方法を紹介し，そこから得られた結果を分析する。

　はじめに，現役の高校生ではなく，元高校生たる大学生を対象とするアンケート調査を採用した理由を，2つにわけて説明しておこう。

　まず，授業をうけた側に対するアンケート調査という方法を採用する理由について。

　これまでも，高校世界史のみならず，さまざまな学校段階のさまざまな授業をめぐって，幾多の紹介がなされてきた。ところがその多くは，当該授業がすぐれていると判断される理由や基準や正当性はなにか，そもそもすぐれていると判断する主体はだれか，といった点を明らかにしていない。紹介に値すると判断する際の基準や理由や判断主体を明らかにしないまま，あれやこれやの授業をとりあげ，そのすぐれている点の特質を論じたり分析したりしても，十分に説得的な議論は展開できないだろう。それでは，どうすればよいか。

　この点を考えるにあたっては，すぐれているという評価がひろく共有されてきた授業の再検証を試みるべく，村井淳志が採用した方法論が示唆的である。彼は「私たちはどういうものさしで教育実践を分析したらよいのだろうか。受験という社会的文脈から自由なものさしはあるのだろうか。私はここでもう一度，一般庶民の教育実践のとらえ方に学ぶべきだと考えている。いいかえると，庶民がしばしばもらす「あの先生は本当にいい先生だった」という口吻の中身を，教育実践研究はもっと掬いとる必要があるのではないか。そして，これを掬いとるための，実践分析上の基本概念（ものさし）が「教育

実践がもつ，子どもにとっての意味」なのである。さらに私は「意味」を明らかにする具体的方法として，分析対象である教育実践をうけた元生徒たち……に聞き取り調査をするという方法が有効であると考えるようになった」[村井a 15-16頁]と述べる。知識を供給する場として授業をとらえるのであれば，授業がすぐれているか否かを判断しうるのは，だれよりもまず，その授業をうけた側なのである[村井b 序章も参照]。

　もっとも，この方法論に対しては，生徒の評価は主観的なものにすぎず，他の生徒もそう評価するか否かはわからない，という批判が予想される。他の生徒を教える際に応用できないのであれば，その紹介はあまり意味がない，というわけである。

　しかし，評価はつねに主観的である以上，この批判はさほど適切なものではない。たしかにぼくらはしばしば「客観的」といわれる評価を目にするが，それは，ある主観的な評価が生成し，多くの人びとに主観的に共有され，客観的な色彩をおびるというプロセスの産物にすぎない。評価が主観的だからといって，それにもとづく所説が他の場合に応用できないとはいえない。

　この点を確認したうえで，授業の評価にかかわる学問領域をみると，生徒の評価を重視する実践記録や調査報告はかならずしも多くないことがわかる。例として雑誌『歴史地理教育』に掲載された実践記録をみてみよう。この雑誌は，「高校の授業」あるいは「わたしの授業・わたしの工夫」というタイトルのもと，定期的に実践記録を掲載している。とりあえず1983年8月から2003年8月までの20年間についてみると，高校世界史教育については57件の実践記録が掲載されているが，そのうち授業の内容や方法をめぐる生徒の感想にふれたものは32件ある。この件数そのものは「少なくない」と評価されうるかもしれないが，そのほとんどは，まさに「ふれた」という言葉にふさわしい程度のスペースを感想にあてているにすぎない。実践記録を発表するのはおもに教育に意欲をもった教員だろうが，それでもこれが現状である。なすべきことはのこされているといわざるをえないだろう。

元生徒を対象にすることの意義
　つぎに，授業を「うけている」側である高校の生徒ではなく，授業を「うけた」側である元生徒たる大学生をアンケート調査の対象にした理由について。

授業をうけている側の感想や評価については，今日では高校でも大学でも多くの教員が授業アンケート調査をおこない，生徒から意見をつのっている。したがって，その結果を分析すれば十分であると判断しうるかもしれない。
　ただし，生徒と教員のあいだには利害関係があるし，また基本的には教員のほうが上位にある。いまさらいうまでもなく，教員と生徒のあいだには権力関係が存在しているのである。そうである以上，生徒が本音を語っているか否か，そこで得られる意見が生徒の判断を正確に反映しているか否か，といった点については疑問がのこる。このことを考慮にいれると，より本音に近い評価を知るためには，教員を権力者とみなさなくてもよい元生徒の意見を聞くことが望ましい。
　このような本書の問題関心を共有している研究は，管見のかぎりではほとんどない。例外的な事例としては，藤井千之助のものがある。藤井は「望ましい社会科歴史学習の指導形態を考察する前提」として「学習者としての児童・生徒の立場から見た社会科歴史学習の実態はどのようなものであるか，学習者が感銘を受けた歴史学習はどんなものであるか」［藤井千之助a　13頁］を把握するべく，1970年代に，約1000人の大学生を対象として，高校までの教育に関するアンケート調査を実施し，結果を分析した。これは，記述統計的な分析にとどまっているとはいえ，じつに興味深い研究プログラムである。ただし（ぼくらにとって残念なことに）藤井は，大学生に対する調査を小中高教員に対する調査にむすびつけていない。

アンケート調査の概要
　本書のもとになるアンケート調査は，2002年10月から2003年10月にかけて，全国7大学の経済学部で開講された歴史関連科目の受講者を対象に実施された（表1-1を参照）。回答者数は合計で903人である。学部名，講義名，日時をみればわかるとおり，回答者の属性を極力そろえようと意図したが，各講義の履修者数などを反映して，残念ながら回答者数には大きなばらつきがでてしまった。
　アンケート調査の内容は高校における世界史および日本史教育全般をめぐるものであるが，そのなかに「世界史を担当している先生に魅力があった」という選択肢を含む問題を設定した。これにチェックした場合には，さらに「どのような点が優れていましたか。文章で答えてください。また，さしつ

かえなければ，高校と先生の名前を教えてください」というコメント自由記入型の問題を設定した。

この設問に対して，合計で118件のコメントがあった。本章ではこの118件のコメントを分析の対象とし，事例とよぶことにする。なお，これらコメントのうち，教員氏名と高校名のみが記されたものが2件あった。また，教員氏名と高校名のどちらか（または双方）が不明のものが31件あり，2人の大学生からコメントをよせられた教員が11人，3人の大学生からコメントをよせられた教員が1人，おのおのいたため，氏名および高校名が判明した教員は74人（うち故人が1人）となった（教員の都道府県別の分布については表1-2を参照）。

最後に，分析の対象たる事例の代表性について述べておこう。調査対象に大学生を選ぶことは偏りをもたらさないか，数ある大学のなかからこれら7つの大学を選んだのは適当か，あるいはアンケート調査に対する回答は満遍ないか，といった問題である。

本書で明らかにしたいのは，標準的な教員がどんな授業をしているかという点ではない。本書の意図は，生徒がすぐれていると評価している教員がどのような授業をしているかを明らかにすることにあり，標準的な教員の授業は本書の関心の外にある。したがって，本書の分析のおもな対象となる教員があらゆる教員を代表しているかという疑問は，正当ではあるが，本書の目的にとってはさほど重要でない。

ただし，そのうえでなお，本書が対象とする教員はすぐれている教員全体を代表しているかという疑問がのこる。すぐれている教員がどんな授業をしているかを知るのにいちばんよい方法は，あらゆるすぐれている教員を分析の対象にすることだろう。ただし，それは困難であり，事実上不可能である。ぼくらがなしうるのは教員の事例をふやし，できるかぎり統計的にチェックすることにとどまる。

そうすると，今度は，あつめた事例の数が十分か否かという点が問題となる。アンケート調査の対象たる大学生が約900人，よせられたコメントが約120，氏名および高校名が判明した教員が約70人という数は，けっして十分ではない。ただし，これまで同種の調査はなされていないことを考えれば，本書の分析はいわば出発点としての意義はもっているといえるだろう。

2　授業がすぐれていると判断する根拠の分析

根拠の頻度

　本節では，118件の事例について，「どのような点が優れていましたか」という問いかけに対する回答，つまり元生徒たる大学生がすぐれている授業と判断した際の根拠としてあげられた点の特徴を分析する。そこから，本章さらには本書全体で検討するべき課題を導出したい。

　まず，自由記入方式にもとづいてよせられたコメントから，すぐれていると判断する際の根拠を抽出したところ，合計で21種類の判断根拠が抽出できた(表1-3を参照)。これらは，授業の内容，授業の方法，教員の資質，この3つの種類に大別できる。

　このうち教育内容にかかわる判断根拠としては，まとまっていること(以下【まとまり】)，詳細であること(【詳細性】)，わかりやすいこと(【わかりやすさ】)，受験勉強に役立つこと(【受験勉強】)，歴史の意味やロマンや洞察を語ること(【意味・ロマン・洞察】)，現代と歴史をつなげて語ること(【現代性】)，歴史の流れを語ること(【ストーリー性】)，話がおもしろいこと(【おもしろい話】)，歴史上のエピソードにふれること(【エピソード】)，自分の体験談をはさむこと(【体験談】)，および説明がポイントをついていること(【要点】)がある。

　教育方法にかかわるものとしては，板書が丁寧であること(【板書】)，プリントなどの配布資料を活用すること(【配布資料】)，視聴覚教材を活用すること(【視聴覚教材】)，作業や質疑応答などを活用すること(【作業・質疑応答】)，語り口にすぐれていること(【語り口】)，授業時間以外にも世界史にかかわる活動をすること(【課外活動】)，本を紹介すること(【本の紹介】)，および歌を歌うこと(【歌】)がある。

　教員の資質にかかわるものとしては，熱意や情熱が感じられること(【熱意・情熱】)，人間性がすぐれていること(【人間性】)，および博学であること(【博学】)がある。

　それでは，これら判断根拠があげられた頻度をみてみよう。なお，これらのうち教育内容についての【おもしろい話】と，教員の資質としての【人間性】は，内容的に無限定な項目なので，対象からはずすことにする。

　まず授業内容については，【エピソード】，【わかりやすさ】，【ストーリー

性】が重視されていることが目をひく。このうち【わかりやすさ】は比較的無限定な意味をもっていることを考慮すると，生徒が評価しているのはさまざまなエピソードをちりばめたり1，首尾一貫したストーリーを提示したりするような授業だということがわかる2。

　ただし，【エピソード】と【ストーリー性】という2つの根拠は，たがいに無関係に提示されているわけではない。多くの場合，さまざまなエピソードを首尾一貫したストーリーとして提示するような授業がたかく評価されている。実際，双方がともに存在し，かつ有機的にむすびつけられているような授業が，多くの事例で言及されている3。

　エピソードの具体的な内容としては，19世紀末からバルカン半島が「火薬庫」とよばれるようになった理由，エリザベス1世とウォルター・ローリーの関係，あるいは「ラ・マルセイエーズ」などがあげられている。これに対してストーリーの内容については，具体的にふれている事例はなかった。

　つぎに授業方法については，【配布資料】つまりプリントなど独自の教材を作成して配布するという営為に言及する頻度が高いことが目をひく。【視聴覚教材】も含めて教科書以外の補助教材，それも市販のおしきせ的な副教材ではなく教員が独自に採用あるいは作成する教材に対しては，生徒は高い評価をあたえている4。

　最後に教員の資質については，【熱意・情熱】と【博学】の頻度が高くなっている。一見すると，これはきわめて当然の結果にみえる。熱意と情熱にあふれ，なんでも知っている教員であれば，生徒からは支持されやすいだろう5。ただし，熱意や情熱には空回りする可能性があるし，博学には皮肉にとられる危険がある。熱意なり情熱なり博学なりを，プラスの価値をともなうかたちで生徒に届かせる方法とは，いかなるものか。

根拠間の相関

　ここまで，すぐれていると評価する際にもちいられた21件の判断根拠について，おのおのの頻度を個別にとりあげ，本書で検討するべき課題を導出した。ただし，授業の実際を考えればすぐにわかるとおり，これらの判断根拠は相互に独立して存在するとはかぎらない。というよりも，むしろ，それらのあいだにはなんらかの相関があると想定するほうが自然だろう。たとえば，独自な【配布資料】をつくり，配布するには，相当の【熱意・情熱】が必要

だろう。あるいはまた【板書】が丁寧であれば，授業内容が【わかりやすい】という印象をあたえやすいだろう。

　こういった点を考慮すると，21件の判断根拠について，相互の関連を分析することが必要になる。ここでは118件の事例について，判断根拠のおのおのに言及しているか否かを確認する。そのうえで21件の判断根拠から２つをとりだし，有意な(すなわち，偶然の産物ではなく，なんらかの意味がある)相関が存在するか否かを計算する。

　具体的には，２つの判断根拠について，言及の存否に着目して２×２のクロス表を作成した。ついで点相関係数を計算し，２つの判断根拠が共鳴する方向にあるか(正の相関)，たがいに無関係か(相関なし)，それとも背反する方向にあるか(負の相関)を確認した(表1-4を参照)。なお，その際イェーツの補正はおこなわなかった。そのうえで，カイ二乗検定をほどこすことによって有意差を検定した(表1-5を参照)。

　計算を実行すると，いくつかの有意な相関が導出できた。すなわち【わかりやすさ】と【作業・質疑応答】，【課外活動】と【視聴覚教材】，そして【歌】と【本の紹介】という３つの組は，おのおの非常に強い正の相関関係にある。【わかりやすさ】と【配布資料】，および【体験談】と【視聴覚教材】という２つの組は，おのおの強い正の相関関係にある。【板書】と【まとまり】，および【体験談】と【課外活動】という２つの組は，おのおの通常の正の相関関係にある。最後に，【配布資料】と【おもしろい話】の組は，通常の負の相関関係にある。

　なお，本章では，非常に強い相関とは危険率0.5％，強い相関とは危険率１％，通常の相関とは危険率５％で，おのおの有意であることを意味するものとする。また，ここでは相関行列は省略する。

　つぎに，この計算結果を解釈しよう。

　第１に【わかりやすさ】と【作業・質疑応答】のあいだに非常に強い正の相関がみられることについて[6]。生徒に作業をさせたり質問を積極的にうけつけたりするというのは，双方向的(インタラクティヴ)で生徒の参加をうながすような授業方法である。ただし，そうすると，授業進行がスムーズに流れなくなる危険がある。教員はあらかじめ授業のすすめかたを考えているはずであるが，生徒からの質問や彼(女)たちがおこなう作業の結果が教員が予定していた進行方向にフィットするという保証はないからである。そして，

常識的に考えると，スムーズに流れない授業はわかりにくい。ところがアンケート調査からは，作業や質疑応答を重視し，双方向的で生徒の参加をうながすような授業はわかりやすいと評価されていることがわかる。授業をわかりやすくするには，授業進行のスムーズさよりも双方向性や生徒の参加を重視しなければならないのである。

　また【わかりやすさ】は【配布資料】とのあいだにも強い正の相関関係をもつ[7]。補助教材には教員の主観が混入するため，教科書とのあいだにはズレが生じる。このズレのせいで生徒が混乱し，わかりにくい授業という評価をくだしても，おかしくはない。ところが，アンケート調査によればそうではない。この事態の解釈としては，教員の側が自己の主観(ひいては補助教材)と教科書との懸隔を意図的に縮める努力をしているとか，生徒の側がこの懸隔を重視していないとかいったことが考えられる。いずれにせよ，教科書とずれることをさほど恐れることなく積極的に独自な補助教材を使用するべきだということがわかる。

　さらに【配布資料】は【おもしろい話】とのあいだに通常の負の相関関係をもつ。これは，プリントなどを配布する教員はあまりおもしろい話をしないのに対して，おもしろい話をすることでたかく評価されている教員はさほど補助教材を使わない，ということを意味している。おもしろい話を準備するのも，補助教材をつくるのも，ともに労力がかかるから，これはつまり，かぎられた労力を2つの作業に配分することを考えると，どちらか一方が優先されざるをえない，ということかもしれない。あるいはまた，すぐれた補助教材を利用する場合はおもしろい話などしなくてもよいということなのかもしれない。ちなみに【おもしろい話】と【わかりやすさ】のあいだには有意な相関はないが，両者の点相関係数は負(−0.17)なので，どちらかといえば背反する関係がある。おもしろい話をすることはわかりやすい授業につながらないのである。

　第2に【課外活動】と【視聴覚教材】のあいだにみられる非常に強い正の相関関係について。じつは【視聴覚教材】は【体験談】とのあいだに強い正の相関関係をもっている。また【課外活動】は【体験談】とのあいだに通常の正の相関関係をもっている。まとめると【課外活動】と【視聴覚教材】と【体験談】の3者は共鳴する方向にある[8]。

　それでは，この3者に共通しているのはなにか。授業時間以外に生徒をあ

つめてさまざまな活動をするには，大変な労力ひいては熱意が必要である。視聴覚教材を利用するのにも，いろいろと手がかかる。そう考えると，3者に共通するのは教員の熱意であるといえそうである。ところが3者と【熱意・情熱】のあいだには，じつは有意な相関はない。また授業中に自分の体験談をすることには，それほど労力がかかるとは思えない。そうすると，熱意や情熱以外の要因を考える必要があるだろう。

この3者については，3者以外の根拠とのあいだに有意な相関はない。したがって，この点について統計的に確定的なことはいえない。この留保を付したうえで推測すると，3者に共通しているのは，さまざまな手段をもちいて生徒とコミュニケートし，彼(女)たちの関心をひこうとする意図ではないだろうか。課外活動が生徒とのコミュニケーションの手段であることはいうまでもない。みずからの体験談は，生徒との距離を縮め，コミュニケーションをはかるには，適切な手段である。視聴覚教材を利用することは，それに対する生徒の関心が高いことを考えれば，生徒とのコミュニケーションに役立つだろう。

第3に【歌】と【本の紹介】のあいだにみられる非常に強い正の相関について[9]。授業中に(むろん授業内容に関連する)歌を歌い，生徒にさまざまな関連文献を紹介する，というのは，かなり熱心な教員というイメージである。こういった，教科書の内容を教えるという目的からすれば(余計な，というか)かなり非効率な方法をとるのはなぜか。これもまた生徒とコミュニケートし，彼(女)たちの興味関心を喚起しようとする意図のあらわれではないだろうか。

第4に【板書】と【まとまり】のあいだにみられる通常の正の相関について[10]。世界史の授業で伝達しなければならない情報は多岐にわたり，また膨大である。したがって，板書では時間がたりなくなる危険がある。多くの教員がプリントを(しばしば自分でつくって)利用しているのは，このような事態に対応するためである。

逆にいうと，それでもなお板書を利用している教員は，授業の内容をまとめ，板書の下書きをし，場合によっては予行演習をするなど，相当な準備をしたうえで授業にのぞんでいるはずである。したがって，板書を採用している教員の授業は内容的によくまとまっていることが推測できる。

のこされた問題

　大学生を対象とするアンケート調査について，すぐれていると評価される授業の判断根拠の頻度と相関を分析してきた。ここからは2つの課題がたちあらわれる。

　まず，元生徒(大学生)は【エピソード】と【ストーリー性】を重視していることがわかった。

　それでは，どのような史実をもちいてどのようなストーリーを構築すれば生徒の耳に届くか。容易に想像できるとおり，この問いに対する答えはひとつとはかぎらないし，このストーリーだったら絶対ウケると断言することもむずかしい。教員が構築するストーリーと生徒が受容するストーリーのあいだには一定の距離が存在し，生徒もまたストーリーを(再)構築しながら授業にのぞんでいるからである。このストーリーを構築するには，なんらかの思考力が必要だろう。それでは，思考力はどうすればやしなえるか。歴史学や歴史教育は，思考力をやしなう際に有益か。

　また，ここでは，史実を選択し，ストーリーを構築する際には，歴史を語る主体たる教員の主観が介入する，ということに留意しなければならない。むろん，そのようなものは介入させるべきではないと考える立場もあるだろう。しかし，その是非にかかわらず主観は介入してしまうというのが，最近の歴史学が教えるところである［小田中a　第1章を参照］。それでは，この主観はどこまで許されるか。また，主観の介入という事態に直面しつつ受信者たる生徒がみずからの認識を構築するには，やはり思考力が必要となる。それでは，この力はどのようにやしなわれるか。

　こういった点を考慮すると，授業の内容にかかわる問題の中核にあるのは思考力をやしなうという課題であることがわかる。

　つぎに，授業のわかりやすさは，授業に対する生徒の参加を認めるような双方向性を保証できるか否かにかかっていることがわかった。授業時間外にさまざまな活動をしたり，視聴覚教材を活用したり，体験談や歌を披露したり，本を紹介したりするなど，教員の熱意はたかく評価されているが，それもまた生徒とコミュニケーションをとりむすぶがゆえである。

　それでは，どうすればコミュニケーションを構築できるか。どうやら，ただおもしろい話をすればよいというわけでもなさそうだし。

　このように，授業の方法にかかわる問題の中核には，コミュニケーション

の構築という課題が存在している。

　大学生アンケート調査の分析からは，これら授業の方法と内容にかかわる問題については，これ以上の結論はだせない。次章からは，大学生アンケート調査であげられ，氏名および高校名が判明した74人（ただし，うち故人が1人）の教員を対象に，分析を続けることにしよう。

1　「知識が豊かで，授業では教科書の内容に付属するエピソード等をユーモアを交えおもしろく話してくれた」，「教科書に書いていないようなおもしろい話をたくさんしてくれて，さらに受験科目としての世界史もとても研究してくれていたので信頼できた」，「単なる事実を教えるだけでなく，その歴史のなかのさまざまな豆知識のようなものや人間ドラマのようなものを教えてくれて，興味をひかれるものであった」，「教科書のできごとの裏にある，それが起こった理由などを時々話してくれました」，「受験にとって重要なものからランクづけをする傍らで，歴史の背景やまったくいらないような興味深い知識を教える授業の方針を取っていた」など。

2　「授業にストーリー性があった」，「歴史の流れがつかみやすく，詳しく説明してくれるので，センター試験勉強にも対応できた。世界史のおもしろさがわかり，一層興味をもつようになった」，「歴史というのは地域や時代などがバラバラで，なかなか関連あるできごと同士も教えかた一つでまったくむすびつかない，いわば「点」の事象になってしまいがちですが，その先生の授業では独自に無理なく一連の流れを重視したものであったので，全体がドラマのように「線」として理解できるように行われていた」，「歴史的なできごとの背景知識がとにかく豊富で，ただ語句を暗記するのではなく，流れや原因といったものが理解しやすかった。そして，この事が，歴史はさまざまな要因や事実がからみあっていて構造的にイメージできた」など。

3　「歴史に関して，しっかりと時系列に沿いながらも，史実を情景的かつ詳細に説明をしていた」，「歴史的なできごとの背景またはその影響を関連づけた説明がおもしろかった」，「話が非常に体系的で副次的なエピソードがおもしろかった」，「できごとのおもしろいエピソードを話して，暗記ではなく世界史を一つの流れとして捉えさせる」，「教科書に載っていないことも教えてくれたので，興味がもてたし，流れがわかりやすかった」，「豊富な知識を体系的に講義され，時に関連情報も散りばめつつ楽しい講義をして下さった」など。

4　「穴埋め式のサブノートを作って下さり，教科書の内容をうまく整理してくれた」，「手作りのプリントがすばらしいです」，「ビデオでの映像学習がとても印象的だった」，「スライド等の史料や話の引き出しが豊富で，すごくおもしろかった」，「赤壁の写真や，長江・黄河に行ったときの写真をうれしそうに前で出して説明していたのが印象的でした」，「世界史のノート（手作り）」，「歴史の流れに沿ってできごとが時間軸上に並べられているノートがすばらしかった」など。

5　「世界史の授業自体は毎回10分くらいだったが，おもしろい映画や本，漫画を通して「ロマン」を熱く語った」，「人間的魅力。とにかく「熱い」人だった」，「とにかく「熱血教師」だった。期末テストなどでは合格点を設定し，それに達しない者には追

試を課し，それでも合格しなければ追々試，追々々試と，何度もテストを課した」，「エネルギーがあった。やる気があった」，「受験指導にも積極的で，個人指導を熱心にしてくれる」，「目を輝かせてよくエジプトの話をしてくれた」，「バックグラウンドの知識量が半端じゃなかった。雑談も非常におもしろかった」，「とても博識で，興味深い話をしてくれた」，「先生自身がとても知識の多い方だったので，話がとてもおもしろかった」など。

6 「大変わかりやすく，資料も多かった。黒人奴隷生活を題材とした童話作成のレポートが出たり，単調な内容でなかった」など。

7 「説明がわかりやすく，授業ノート（プリント）が非常に読みやすかった」など。

8 「本人が世界のあらゆる国に実際旅行した経験をもっていて，文化やそれが根差した背景・歴史等を実体験話を含めて聞かせてくれたので，とても楽しかった。映像や写真を多く利用して生徒の関心を引き寄せ，また授業内容をわかりやすくまとめたプリントを配布したので，勉強する上でも大変役に立った」，「人生経験豊富。インドを旅してそのことについていろいろ話してくれた。世界遺産のビデオをよくみた。香辛料・チャイ・ライ麦パンを食べた」，「世界中を旅して，実際に行った場所の写真など授業の内容にあわせてみせてくれた」，「放課後に勉強会を開いたり，美術史も織り交ぜたスライドショーをするなど，熱い先生であった」など。

9 「授業中に歌を歌ったり，参考になる本や資料を頻繁に紹介してくれた」，「ラ・マルセイエーズを歌える。重要な点を強調して言うのが上手い。配布資料がおもしろい」など。

10 「字と内容ともにきれいにおさまっていて，ペースが一定なので，授業にもついていきやすい」，「板書が簡単で，一目見れば歴史の流れだけはつかめるようになった」など。

第2章
高校教員に対する
アンケート調査の分析

1 アンケート調査の分析 その1 平均値と標準偏差

アンケート・インタビュー調査の概要

　大学生に対するアンケート調査にひきつづき，そこであげられ，氏名および高校名が判明した高校世界史担当教員74人のうち，故人1人を除く73人に対して，アンケートおよびインタビュー調査のための面会を依頼した。退職，転出先不明，面会辞退など，さまざまな理由による接触失敗があったため，面会できた教員は73人中51人である。

　面会は2004年3月に開始され，2005年11月に完了した。面会を設定するに際しては依頼状を送付し，本人と，必要な場合には勤務先の承諾を得た。

　面会では，はじめに，アンケート調査に対する回答は無記名であることと，回答内容は数量的に処理する予定であることを説明した。インタビュー調査に対する回答の内容については，個々の引用の発言者は明示しないかたちで，本書の文中で引用される場合があることを説明し，そのうえで引用について全員から了承を得た。また，本書で氏名を明示することについても全員の了承を得た。そののちアンケート調査に対する回答の記入を依頼し，さらに，ほぼ2時間を目安としてインタビュー調査をおこなった。ちなみに，インタビュー調査にかかった時間は最短で約1.5時間，最長で5時間程度である。

　インタビュー調査の内容の記録については，録音はおこなわず，筆記でメモをとりながら質疑応答をすすめた。のこされたメモをもとにして，のちにインタビュー調査記録の原案を作成し，本人に送付して必要な加筆修正を依頼した。本書第3章以降で利用されるのは，このようにしてできあがったインタビュー調査記録である。これら面会の準備，実施，インタビュー調査記録原案の作成は，すべて筆者(小田中)が単独でおこなった。

アンケート調査の概要

　このうちアンケート調査では，合計で55の設問を設定した。これに対して「まったく……ない」（1点）から「とても……いる」（4点）までの4段階で回答を求め，回答をそのまま点数化して処理した。55の項目は，おのおの10（第6分野のみ5つ）の項目からなる6つの分野にわかれている。なお，以下本文ではアンケート調査の設問は略称で表示する（表2-1を参照）。

　第1の分野「授業の準備」では，おもに授業を準備するプロセスの観点から，授業の概括的な形態について問うた。具体的には，授業の準備に際してどのような知的資源を利用しているか，授業では教科書のほかにどのような教材を利用しているか，といった問題である。

　第2の分野「「歴史教育」としての側面」では，世界史の授業は歴史教育を担っていることを念頭におき，歴史教育ではなにを教えるべきかを問うた。具体的には，個々の地域の通史的な説明と地域間の同時代的な関係の説明との関係，近現代史と前近代史の重要性，あるいは系統学習と単元学習のウェイトといった問題である。

　第3の分野「「社会科教育」としての側面」では，かつて高校世界史は社会科に属していたことや，最初の学習指導要領たる1947年度『学習指導要領社会科編（試案）』における社会科の任務の定義（「はじめに」で先述）を念頭においたうえで，社会科教育の目的を世界史の授業でどうとりあつかうべきかについて，いくつかの視点から問うた。

　第4の分野「教育方法」では，どんなにすぐれた教育内容であっても聞き手（生徒）に伝わらなければ無意味であり，また，どんなに話し手（教員）が熱心でも聞き手の興味関心が喚起されなければ空まわりに終わってしまうことを考慮し，授業のすすめかたについて問うた。とくに，生徒の自発性や教員と生徒のコミュニケーションに対していかなる評価がくだされているかに着目した。

　第5の分野「コンセプト総合」では，世界史教育について提案されてきたいくつかの所説を提示し，それらに対する評価を問うた。とりあげたのは，1980年代から日本の歴史学界に導入され，さらには近年になって高校世界史教科書にも導入されるようになったアプローチたる社会史学と世界システム論のほか，歴史学者（中村哲）や社会科教育学者（森分孝治，吉川幸男）が提示した所説である。

最後に第6の分野「高大連携」では，世界史教育における高大連携の可能性を問うた。

平均値

まず回答の得点の平均値をみてみよう。得点は1点から4点までとなっているため，その算術平均の期待値は2.5点(実際には，全設問項目の平均値は2.87)である。ここでは分野ごとに得点の平均値の特徴を検討する(表2-2を参照)。

第1の分野では，まず【プリント】の平均値が高いことが目をひく。いまや高校では手製のプリントは不可欠の副教材であるといってよいだろう。それでは，プリントに依拠しなければならない理由はなにか。すぐに思いつくのは，教科書の質あるいは量に対して不満をもっているというものだろう。大学入試に対応していない，規定授業時間内で処理しきれない量の情報を含んでいる，といった評価にもとづいてプリントを利用している，ということである。実際【教科書満足】の平均値はさほど高くなく，この推測を裏づけている。他方で【雑誌講読】と【研究会】の平均値は低い。このことは，教員が多忙になり，さまざまな知的資源を十分に活用して授業を準備する時間的な余裕を失いつつあることを推測させる。

第2の分野では【詳細史実】の平均値がひときわ高く，教科書の質に対する不満が根強いことを推測させる。これに対して，歴史教育としての世界史の授業の内容については，評価がむずかしい。たとえば，授業の構成としては時系列にそった通史というオーソドックスなものが支持されている(【通史的構成】，【時系列史】)のに対し，地域の通史的な説明そのものの意義に対する評価はわかれている(【通史重視】)。また，時系列にそった通史的な構成が好まれるからといって，すべての史実に対して均等に意義が付与されているわけではない。そのことは，前近代史よりは近現代史のほうが重要だと判断されていることから明らかだろう(【近現代史】)。

第3の分野では，設問の得点の平均値が全体的に高いことが興味深い。このことは，世界史教育がもつ，あるいはもつべき社会科教育としての側面に対して高い関心や評価がよせられていることを意味している。なかでも【判断力養成】の平均値が高いことからは，世界史教育は判断力の育成に貢献しうると考えられていることが推測できる。

第4の分野では，教えかたがきわめて重要だと考えられていることがわかる(【教えかた】)。とくに，生徒とのコミュニケーションをはかり，自発性を喚起するべく，さまざまな方策が重視されているようである(【ふれあい】，【授業評価】，【脱線】)。ただし，この点を重視しすぎると，もうひとつの課題である知識の教授にあてる時間がなくなってしまうだろう。実際【自発性喚起】の平均値が高くないことからは，2つの課題のあいだで悩む教員の姿がみてとれる。

第5の分野では，史実の叙述よりも史実と史実のあいだの因果関係の把握を重視するべきことを説く森分孝治の提言に対する評価が高いことが興味深い(【森分孝治】)。また，社会史学と世界システム論では，前者に対する評価のほうが高い(【社会史】，【梅津正美】，【システム論】，【森分他】)。教科書を批判的に読解するべきことを説く吉川幸男の提言に対する評価は高くない(【吉川幸男】)。

第6の分野では，高校と大学のあいだに入試をはじめとする懸隔が存在していると考えられていることがうかがえる。

標準偏差

続いて，回答の得点のばらつきを確認し，教員のあいだで意見がどの程度一致しているかを判断するべく，標準偏差をみてみよう(おなじく表2-2を参照)。ここでも分野ごとに得点の標準偏差の特徴を検討する。なお，すべての設問項目の標準偏差の平均値は0.70だった。

第1の分野では【参考書使用】の標準偏差が大きいことが目をひく。このことは，教科書を利用せずに授業をしている教員が相当の割合で存在することと，その一方で教科書どおりに授業をすすめる教員もかなり存在することを意味している。その背景には，教科書に対する評価がわかれているという事態がある(【教科書重視】)。つぎに【雑誌講読】と【研究会】の標準偏差が大きいことも興味深い。両項目の平均値が低かったことを考えあわせると，ここからは，熱心に歴史学および歴史教育関係の雑誌を購読し，校外の研究会に参加する一部の教員の姿がうかびあがる。さらに【準備負担】の標準偏差が大きいことからは，好きなことをしごとにしつつ，近年の多忙化のなかで授業の準備に追われる教員の複雑な気持ちがみてとれる。

第2の分野では，標準偏差が全体的に小さいことが特徴的である。世界史

の授業の歴史教育的な側面については，教員のあいだで意見のちがいはさほど大きくないのである。そのなかで【暗記重視】だけは例外的に標準偏差が大きい。これは，世界史教育において史実を暗記させることは重要か否かをめぐり，見解が対立していることを意味している。他方で，標準偏差がかなり小さい設問項目としては【系統学習】と【詳細史実】がある。これら項目の平均値が高いことと考えあわせると，単元学習よりは系統学習のほうが重要であり，また教科書にない史実を教えることは必要かつ有益であるとする点で，ほとんどの教員の意見は一致していることがわかる。

　第3の分野では【生きる力】の標準偏差が大きい。この設問で問われている「生きる力」や「新しい学力観」は，社会科教育が養成することを期待されている力たる思考力と密接な関係がある。それでは，このことから，世界史の授業の社会科教育的な側面をひくく評価する傾向が存在すると推測できるか，といえば，じつはそうではない。【判断力養成】の標準偏差が小さく，またその平均値が高いことからわかるとおり，世界史教育が判断力など思考力の養成に貢献できる点では教員のあいだに合意が成立しているからである。【生きる力】の標準偏差が大きいことは，むしろ「生きる力」や「新しい学力観」というキャッチフレーズのもとに展開されてきた近年の文教政策に対する不信感が一部で存在していることを表現していると考えるべきだろう。

　第4の分野では【教えかた】の標準偏差が圧倒的に小さく，この設問項目の平均値が(これまた)圧倒的に高いこととあいまって，ほとんどの教員が教えかたをきわめて重視していることがわかる。また【生徒関心】の標準偏差が小さく，平均値が比較的高いことからして，ほとんどの生徒は世界史(の授業ではなく，世界の歴史そのもの)に比較的関心があるとみなされている。これに対して【教育内容】の標準偏差がかなり大きいことからは，教育内容と教育方法のどちらを重視するべきかをめぐって教員のあいだに意見の対立があることが推測できる。

　第5の分野では【森分孝治】と【社会史】がともに，標準偏差が小さく，平均値が高い。因果関係の探求を重視するべきことを説く森分の提言と，社会史学の成果については，世界史教育にとって重要であるという合意が教員のあいだに存在する。これに対して，世界システム論の成果を世界史教育に導入するべきか否かについては，教員の意見はわかれている(【森分他】)。すくなくとも一部の教員にとって，世界システム論は利用しづらいアプローチ

なのである。
　第6の分野では，世界史教育における高大連携はうまくいっていないという点で大方の意見はまとまっていることがわかる(【高大連携】)。

平均像と，のこされた問題

　教員アンケート調査の回答の特徴を，得点の平均値と標準偏差という側面から概観してきた。ここからは，すぐれていると(元)生徒から評価された教員の平均的な姿と，彼(女)たちが日々の授業で直面している問題が，おぼろげにたちあらわれる。
　教育全般(第1の分野)についていうと，彼(女)たちは総じて多忙である。かつてはさまざまな知的資源を利用して授業の改善をはかる時間的な余裕があったものだが，近年はこの「教材研究」にあてる時間が減っている。それでも，現在の教科書に満足していないため，プリントを作成したり，教科書にのっていない史実を教えるべく参考書や辞典などに目を通したりする時間を，どうにかひねりだしている。
　授業で話す内容(第2と第3の分野)についていうと，基本的には，ある地域の史実を時系列的においかける通史的な説明を採用している。ただし，通史的な説明でことたりているか否かという点については，一定の疑問を感じている。また，近現代史をくわしく説明する傾向がある。さらに，このように近現代史を重視しつつ通史的な説明をおこなうことは，聞き手たる生徒の判断力を育成することになんらかのかたちで貢献すると考えている。
　教えかた(第4の分野)についていうと，双方向的な授業が好ましいと考えている。その目的は，おそらくは生徒の自発性を喚起することにある。ただし双方向的な授業をしようとすると，質疑応答をくりかえしたり，調査学習をさせて発表させたりするなど，時間がかかる。その一方で，大学入試に対応するという観点からすると，基本的な史実に関する知識は習得させなければならず，この2つの課題のはざまで悩んでいる。
　世界史教育に関する提言(第5の分野)についていうと，史実のあいだの因果関係の把握を重視するものと，社会史学の成果の導入を説くものに，わりと関心をひかれている。
　このように教員の平均像をえがくと，ただちにいくつかの疑問がわいてくるはずである。

たとえば，第2の分野については，彼(女)たちは近現代史が重要であると判断しているが，この判断はどのような理由にもとづいているか。

第3の分野については，彼(女)たちは，世界史教育は判断力の育成に貢献するし，また日常生活の役に立ちうると主張する(【判断力養成】，【役に立つ】)。それでは大昔の，それも異国の史実を知ることは，どのようなメカニズムでぼくらの判断力を向上させ，またぼくらの日常生活の役に立つのか。

第5の分野については，教員にとって森分の提言の魅力とはなにか。因果関係の把握は，世界史をはじめとする歴史の教育にとって，どのような意味と意義をもっているか。因果関係の把握をめざす場合は，どのような教育方法が採用されるべきか。歴史における因果関係について語る授業は生徒の関心を惹起するか。社会史学の評価も高いが，過去に生きた普通の人びとの日常生活のありかたを知ることは，世界史教育の内容と方法の観点からして，いったいどのような意義をもつか。これに対して吉川の提言に対する評価は低いが，しかし批判的な読解力は必要ではないのか。世界史を学ぶなかで身につけるべき「判断力」は，批判的な読解なくして会得できるか。

見解の対立と，のこされた問題

最後に，教員のあいだで意見が対立した(つまり得点の標準偏差が大きい)点のうち，重要な3つのものを再度確認しておこう。

第1に，教科書に記述された内容を暗記させることは重要か否か。これはつまり，歴史に関する知識を身につけさせることは世界史教育の目的を達成しようとする際に有益か否かという問題である。世界史教育における重要な営為としては，史実の暗記以外になにか存在するか。存在するとしたら，それはなにか。

第2に，教える内容と教えかたでは，どちらが重要か。教員のあいだでは「なにを教えるか」が大切であるという立場と「いかに教えるか」が大切であるという立場とが対立している。それでは，おのおのの立場が選択された際の理由はどのようなものか。さらにいえば両者はいかなる関係にあり，またあるべきか。授業において両者を両立させるにはどうすればよいか。

第3に，森分の提言や社会史学に対する高い評価や，吉川の提言に対する低い評価が共有されているのに対して，世界システム論に対する評価はわかれている。それでは，歴史教育にとって，世界システム論はいかなるメリッ

トとデメリットをもっているか。このアプローチを有効に利用するには，どのようなことに留意する必要があるか。

2 アンケート調査の分析 その2 因子分析

因子分析

　続いて，アンケート調査に対する回答に因子分析をほどこした。因子分析とは，多変量のデータから，その背後に潜在するいくつかの共通因子を推定する統計的な手法のことである。本章に即していえば，この手法をもちいることによって，アンケート調査に含まれている55項目に回答するにあたって51人の教員がなにを念頭においていたか，回答の背景には高校世界史教育に対するどのような認識が存在しているか，といった点が明らかになることが期待できる。

　まず，本書で実施した因子分析の手続きについて簡単に説明しておこう（なお，以下の手続きの説明については読みとばしてもよい）。因子分析の手法としては，因子抽出法としては主因子法を，回転法としてはカイザーの正規化をともなうバリマックス法を，おのおの採用した。因子負荷量については0.4以上を有意とみなした。

　教員からの回答を事例とよぶとすると，事例の数は51であるが，これに対してアンケート調査の項目は55である。アンケート調査項目数は事例数より小さくなければならないので，回答の平均値が1.5以下および3.5以上である【プリント】，【単位数】，【判断力養成】，【教えかた】および【入試影響】の5項目を除外した。平均値が極端に大きかったり小さかったりする項目は教員のあいだで意見が一致しており，分析する意味があまりないと考えられるからである。のこったのは50項目であり，事例数よりも小さいので，因子分析を実行することが可能になった。

　これら50項目について，事例に因子分析を実行した。その結果，【暗記重視】，【生きる力】，【ふれあい】，【興味関心】および【授業公開】の5つの項目で2つの因子が有意となった。そこでこれらの項目を除外した。

　のこった45項目を対象にして，2度目の因子分析を実行した。その結果，【公民教科】と【連携可能性】の2項目で2つの因子が有意となった。そこで，再度これらの項目を除外した。

かくしてのこった43項目を対象にして、3度目の因子分析をおこなった。その結果、すべての項目について1個または0個の因子が有意となり、分析は終了した(分析の最終的な結果は、表2-3を参照)。

因子分析の結果、7個の因子が発見された。累積寄与率(回転後)は41.784となった。アンケート調査の質問内容は多岐にわたっている(先述)ため、個々の質問項目の独立性は高く、質問項目同士の関連性は低かった。実際、相関係数が絶対値で0.5をこえた組合せはわずかである。このことから推測できるとおり、アンケート調査に対する回答の背後にはきわめて多くの要素が複雑に影響しあっている。しかし因子分析の結果は、それらの回答のうち4割程度は、比較的解釈が容易な7個の因子で説明できることをさししめしている。

もっとも40強という累積寄与率は、理論的に好ましい数値である60以上からすると、低いものにとどまっている。それゆえ、分析結果を解釈する際は、因子だけに注目するのではなく、個別の質問項目にも注意を払うことにしたい。

なお、累積寄与率を60以上にひきあげるには、おそらく10以上の因子を仮設することが必要だろう。実際、累積寄与率を高めるため因子数をさらにふやした分析も試みたが、因子負荷量が0.4をこえる(つまり有意な)設問項目の数が3以下であり、かつ有意味な解釈が困難な因子ばかりとなった。これでは、十分に意味のある分析はおこないがたい。こういった点を考慮し、本章では、累積寄与率が低いことに十分留意しつつ、7つの因子について因子分析をすすめる。

因子の解釈

因子分析からは、アンケート調査に対して51人の教員から得られた回答のうち40%程度は7つのポイント(因子)にまとめて説明できることがわかった。それでは7つの因子はどのように特徴づけられうるか。

第1因子の負荷量が有意な項目は【自発性喚起】、【作業】、【知識と判断力】、【森分孝治】、【吉川幸男】、そして【主題学習】である。これらの項目は、世界史教育にあって重要なのは思考力を育成することか、それとも史実に関する知識を会得させることか、という問題に対する関心を共有している。この点を勘案し、第1因子を「思考力育成」因子とよぶ。

第2因子の負荷量が有意な項目は【歴史学】,【研究会】,【専門書利用】,【社会史】,【日本史教員】,【深く学ぶ】,【役に立つ】,そして【雑誌講読】である。このうち【研究会】,【専門書利用】,【日本史教員】,そして【雑誌講読】は,授業の準備に対する関心を共有している。これに対して【歴史学】,【社会史】,【深く学ぶ】,そして【役に立つ】は,授業の準備との直接的な関係はさほどないし,相互になんらかの内容的な連関があるようにもみえない。それゆえ第2因子を特徴づけるのは困難だが,あえていえば「授業準備」因子とよべるだろう。

　第3因子の負荷量が有意な項目は【森分他】と【システム論】であるが,両者は世界システム論に対する関心を共有しているので,この因子は「システム論」因子とよぶ。

　第4因子の負荷量が有意な項目は【教科書重視】,【指導要領】,【科目名変化】,そして【生徒関心】である。このうち前3者は,教育政策のありかたに対する関心を共有している。そのことを考慮し,第4因子は「教育政策」因子とよぶ。

　第5因子の負荷量が有意な項目は【通史的構成】,【教科書水準】,【高大連携】,そして【近現代史】である。このうち【通史的構成】と【近現代史】は史実をいかにつなげて教えればよいかという問題に対する関心を共有していることを考えると,第5因子は「史実説明」因子とよべるだろう。

　第6因子の負荷量が有意な項目は【脱線】,【詳細史実】,【授業評価】,【意義】,そして【時系列史】である。このうち前4者は,いかなる教育方法を採用するべきか,とくに生徒の興味関心を惹起するにはいかなる方法が有効か,という問題に対する関心を共有している。脱線することも,教科書にない史実を教えることも,生徒に授業を評価させることも,歴史を学ぶ意義を語ることも,これらはすべて世界史の授業に対する生徒の興味関心をひくための方策である。それゆえ第6因子は「興味関心」因子とよぶ。

　第7因子の負荷量が有意な項目は【教育内容】,【通史重視】,【AV教材】,そして【中学校】である。これらは,【教育内容】が第4の分野,【通史重視】が第2の分野,【AV教材】が第1の分野,そして【中学校】が第3の分野におのおの属していることからもわかるとおり,なんらかのかたちで内容的に連関しているようにはみえない。第7因子は,特徴づけることがむずかしいため,やむをえず「その他」因子と名づけておく。

寄与率の解釈

　まとめると，アンケート調査に回答するにあたって51人の教員の脳裏（の約40％）を占めていたのは，思考力の育成，授業の準備，世界システム論，教育政策，史実の説明，そして生徒の興味関心といったポイントだった。それでは，解釈がむずかしい「その他」因子を除く6つの因子の寄与率をみながら，高校世界史教育をめぐる彼(女)たちの認識の平均像をえがきだしてみよう。

　第1に，「思考力育成」因子の寄与率が最大だったことからわかるとおり，彼(女)たちにとって最大の関心事は世界史教育は思考力をやしなうことに貢献できるか否かという，社会科教育としての世界史教育の目的にかかわる問題である。自主的な調査や発表をさせることや主題学習の時間をもうけることは思考力を育成する機会となるか。思考力を身につけさせるに際して，生徒の自発性を喚起することは重要か。因果関係の把握や教科書の批判的読解は思考力につながるか。つながるとしたら，どのようなメカニズムがはたらくか。教員たちは，こういった問題をまず念頭においている。

　第2に，「授業準備」因子の寄与率が大きいことは，役に立つ各種知的資源をいかに利用すればよいか，いかに利用できるか，といった問題にたえず頭を悩ませていることを意味している。

　第3に，「システム論」因子の寄与率が大きいことは，世界システム論に対する関心がかなり高いことを示している。世界システム論が世界史教育に有益か否かについて教員のあいだで評価がわかれたこと（先述）と考えあわせると，この所説に対する積極的な支持と，利用したいが利用しにくそうだというアンビヴァレントな感情が，教員のあいだに並存していることが推測できる。

　第4に，「教育政策」因子については，教育政策のうち授業の基本的な枠組みを提示している『学習指導要領』については，先述したとおり【指導要領】の得点の平均値がきわめて低く，また標準偏差が小さいことからして，授業の準備や実施にあたってほとんど活用されていないようである。それにもかかわらず教育政策全般に対しては，彼(女)たちは一定の関心を示している。

　第5に，「史実説明」因子もまた，「思考力育成」因子とおなじく，教育の目的にかかわっている。ただしこちらは社会科教育ではなく，むしろ史実と

史実のつながりかたにかかわる歴史教育としての側面に対する関心を表現している。

第6に,「興味関心」因子の寄与率が大きいことは,教育の内容ではなく方法に関して,生徒の興味関心をひくことに対する関心の高さを表している。内容さえよければよいというわけではないのである。

生徒の思考力を育成するには,どのような授業をすればよいか。史実のつながりを説明するには,どうすればよいか。生徒の興味関心をひくには,どのような授業が好ましいか。よい授業をするには,どのような準備が必要か。とくに,世界システム論をどうとりいれるべきか。そして,教育政策はいかなる方向にむかっているか……教員たちは,このようなことを考えながら授業にのぞんでいる。

思考力の育成,史実の説明,興味関心の喚起

因子分析によって析出されたこれら7つの因子のうち,本書の課題にとって重要なのは「思考力育成」因子,「史実説明」因子,そして「興味関心」因子の3つである。

これ以外の因子については「その他」因子をはじめとしてさまざまな問題があり,考察をすすめる際の参考にはなりがたい。

まず「授業準備」因子については,教員であれば授業の準備に対する関心は高いはずである。ましていわんやアンケート調査に回答したのは授業がすぐれていると評価された教員である。彼(女)たちがすぐれた授業をするべく準備に力を注いでいることは,いわば当然の理だろう。

「システム論」因子については,重要なテーマではあるが,この因子の負荷量が有意な項目が2つというのは,検討のおもな対象としては少なすぎる。

「教育政策」因子については,教育政策のありかたや,それに対する教員のスタンスは,本書の検討対象からはずれている。

かくしてのこった3つの因子について,のこされた問題を確認しておこう。

まず,3つの因子のうち「思考力育成」因子と「史実説明」因子は,教育の目的にかかわっている。すなわち,51人の教員にとって最大の関心事は教育目的である。このうち前者は社会科教育に関連する因子であり,後者は歴史教育に関連する因子である。

それでは,世界史教育において育成されるべき思考力とはどのようなもの

か。思考力を会得することはなぜ重要か。思考力を育成するには，なにを，どう教えればよいか。世界史を説明する場合，史実をいかにつないで提示すればよいか。思考力を育成することと史実をつないで説明することはどのような関係にあるか。両者は同時に追求しうるか。追求しうるとすれば，どのような内容を，どのような方法をもちいて語ればよいか。

つぎに，のこった「興味関心」因子は教育の方法にかかわっている。すなわち，世界史教育の目的を実現するためには，どのような教えかたが必要であり，あるいは有効か。とくに，思考力にせよ史実のつながりに関する知識にせよ，それらを身につけさせるには聞き手たる生徒の興味関心を惹起しなければならないが，そのためにはどうすればよいか。興味関心を惹起するには時間がかかり，肝心な史実について説明する余裕がなくなるような気がするが，大丈夫か。

因子得点の解釈

因子分析をおこなうと，事例つまり教員のおのおのについて，個々の因子をどれくらい重視しているかを表す数値も計算できる。これを「因子得点」とよぶが，ここでは「思考力育成」因子，「史実説明」因子，および「興味関心」因子の3つに関する因子得点を簡単に検討し，どの因子がどれくらい重視されているかと，3つの因子のあいだの関係はどう考えられているかという2点を確認する(表2-4を参照)。

因子得点は，正の値であれば，おのおのの因子の表現内容に対して肯定的な評価があたえられていることを意味している。負の値であれば，その逆である。たとえば，「思考力育成」因子の因子得点が正(負)の値であり，かつ絶対値が大きければ大きいほど，思考力の育成の重要性はたかく(ひくく)評価されている。ちなみに，因子得点の絶対値が小さいほど，その因子が表現しているものに対する関心は低い。

なお，これ以後本書では，51人の教員のインタビュー調査記録を分析対象とみなして事例とよび，個々の事例に対してランダムに(つまり「はじめに」であげた氏名の順序とは無関係に)①から㉛までの数字を「事例番号」としてわりふる。個々の事例をさししめすときは，この事例番号を適宜本文中に挿入する。インタビュー調査記録を引用する場合は，引用文の冒頭に事例番号を付す。

ここでは，事例のおのおのについて，7つの因子のうち因子得点の絶対値が大きい上位2つの因子を(事例のおのおのにとっての)重要因子とみなし，「思考力育成」因子，「史実説明」因子，および「興味関心」因子の3つが重要因子か否かを検討する。これによって，3つの因子が表現する内容に強い関心をもっている教員がそれらについてどう考えているかを明らかにしたい。
　まず，3つの因子おのおのについて，重要因子に相当する因子得点をあたえた事例の数はいくつか。
　「思考力育成」因子が重要因子になっている事例は18件あり，そのうち因子得点が正の値をとっているのが9件，負の値が9件である。「史実説明」因子については，正の値が9件，負の値が10件，合計19件である。そして「興味関心」因子については，正の値が9件，負の値が8件，合計17件である。
　このことからは，第1に，これら因子の表現内容に強い関心をもっているのは教員の3から4割ほどであること，第2に，3つの因子が重視されている程度はほぼ同じであること，第3に，これら因子の表現内容に強い関心をいだく教員のあいだでは，それらに対する評価がわかれていること，この3点が読みとれる。
　それでは，ここで問題にしている3つの因子のあいだの関係はどのように認識されているか。この問題は次章以下でくわしく検討するが，ここでは，それを知る糸口とするべく，3者のうち2に対して重要因子に相当する因子得点をあたえている(つまり，その表現内容に強い関心が示されている)12件の事例をとりあげ，それらの因子得点について正負を確認する。
　まず目につくのは，「思考力育成」因子に正の得点，「史実説明」因子に負の得点，という組合せが3件(㉖㊺㊾)，その逆の組合せが1件(㉕)あることである。この4件の事例では，思考力の育成は史実の説明と相矛盾あるいは相対立すると考えられている。また，両者のうちどちらを重視するべきかについては，見解の対立がある。
　つぎに，「史実説明」因子に正の値，「興味関心」因子に負の得点，という組合せが2件(⑤㉚)ある。これらの事例では，史実を説明するという教育目的にとっては，生徒の興味関心を喚起するためのさまざまな試みはさほど重要ではないとみなされている。
　これらの事例と，さらにまた「思考力育成」因子と「興味関心」因子の双

方に負の値があたえられている事例(㉜)を考えあわせると、因子得点の符号について、「思考力育成」因子と「興味関心」因子の得点の符号が一致し、それと「史実説明」因子の得点の符号が対立するのではないか、という仮説が導出できる。ここからは、教員の強い関心のありかをめぐる「思考力の育成と興味関心の喚起を重視するか、史実の説明を重視するか」という対立軸がうかびあがってくる。

　もっとも、のこり5件の事例は、「思考力育成」因子と「史実説明」因子の得点の符号が一致するもの(⑦㊱)、「思考力育成」因子と「興味関心」因子の得点の符号が対立するもの(⑭㉗)、あるいは「史実説明」因子と「興味関心」因子の得点の符号が一致するもの(⑳)であり、この対立軸にはあてはまらない。この対立軸の妥当性を検証するためには、教員アンケート調査の分析だけではまったく不十分である。

のこされた問題

　なぜ歴史を語るのか。そして、いかに歴史を語るべきか。ここまですすめてきた教員アンケート調査の分析を経てぼくらにのこされた問題は、要約すればこの2つである。そして、じつはこれは、あるべき教育の姿をめぐる先行研究を整理するなかで得られた2つの対立軸(「はじめに」で先述)に対応している。つぎの2つの章では、両者に対する回答を求めるべく、51人の教員に対しておこなったインタビュー調査記録を分析する。

第3章
高校教員に対する
インタビュー調査の分析 その1
なぜ歴史を語るのか

1 課題と方法

高校教員インタビュー調査の目的

　本章と次章の課題は，51人の高校教員に対しておこなったインタビュー調査から得られた記録を分析し，教員アンケート調査の分析でのこされた問題に回答することである。この手続きを採用したことの背景には，アンケート調査の定量的な分析という手法では答えを発見しきれなかった問題については，インタビュー調査記録を定性的に分析すれば接近できるのではないか，という判断(というよりも期待)がある。なお，のこされた問題とは，なぜ歴史を語るのか，歴史をいかに語るべきか，この2つである。

　インタビュー調査に際しては，おおきく5つの分野にわけて57の設問を設定した(表3-1を参照)。分野については，ほぼ教員アンケート調査のものとそろえた。設問については，基本的には教員アンケート調査のものをカバーするようにした。

　なお，本書における分析手法はつぎの2つの特徴をもっている。

　第1に，分野あるいは項目ごとに諸事例をまとめて分析するとか，記録のおのおのをすべての項目についてまとめて事例ごとの特徴を導出するとかいった手続きは採用しない。本書では，設定したテーマにかかわる発言を諸事例に求め，分類および整理し，得られた含意を解釈し，新しいテーマを設定し，さらにそれにもとづいて記録を分析する，という手続きを採用する。本書におけるインタビュー調査記録の分析が「探索的・発見的」な特性をもち，「おもに仮説生成」[鈴木淳子 26頁]を目的としているからである。

　第2に，57の設問のなかから18の項目(以下「重要項目」と呼称)を選択し，それらについてのみ全教員に質問した(表3-1を参照)。これだと，それ以外の設問については質問したり質問しなかったりすることになり，事例(教員)によってインタビュー調査の内容に不必要なズレが生じる危険がある。ただ

し，すべての設問について満遍なくインタビュー調査をおこなうことは時間的にもむずかしかったため，やむをえずこういった手続きを採用した。

いいかえると，教員インタビュー調査を実施するにあたり，本書では，いわゆる非構造化面接法を採用した。本章以下で答えるべき問題をとりあつかうに際しては，「質的データ（自由回答データおよびカテゴリカル・データに分類される）を求めるために行われる典型的な面接方法」［鈴木淳子 26頁］たる非構造化面接法が適していると判断したからである。

インタビュー調査の分野と設問

インタビュー調査に際して，本書ではつぎのような分野と設問を設定した。

第1の分野「準備」では，おこなっている授業の概要について，14の質問を設定した。重要項目は，利用している教科書，それを選択した理由，教科書の利用法，教科書の記述を批判的に利用しているか否か，独自な資料の利用の有無，世界史の授業の学年配当，この6点である。

第2の分野「授業・教育目的」では，授業で教えている内容について，社会科教育と歴史教育の双方の側面をめぐって17の質問を設定した。重要項目は，授業の目的，重視している内容，授業の目標としての判断力の育成に対する評価，判断力の育成と史実の教授との関係，「近代」の開始時期，この5点である。

第3の分野「授業・教育方法」では，授業の方法および聞き手(生徒)の反応について，とくに生徒とのコミュニケーションや生徒の自発性に関する評価を念頭におきつつ14の質問を設定した。重点項目は，重視している方法，実行している工夫，生徒の反応，興味関心の惹起法，自発性の喚起法，史実の教授と自発性の喚起との関係，この6点である。

第4の分野「関連諸科学との関係」では，世界史教育をとりまく歴史学，教育学，および教科教育学(とくに歴史教育学)の研究成果に対する評価について6つの質問を設定した。重要項目は，社会史学と世界システム論に対する評価の1点である。

第5の分野「中学校・大学との関係」では，世界史教育の領域において中学校や大学と連携することの可能性に対する評価について6つの質問を設定した。重要項目は選出しなかった。

研究史の回顧

　本章では，なぜ歴史を語るのかという問題に即してインタビュー調査記録を解釈する。

　はじめに，歴史を語る目的をめぐる先行研究を概観しておこう。本書の課題ともっとも関係が深い学問領域である歴史教育学と，歴史教育学を含む上位の学問領域である社会科教育学において，歴史教育(すなわち歴史を語ること)の目的という問題がどう論じられてきたかを確認する。

　この点でまず着目するべきは藤井千之助による整理である。彼によれば，歴史教育はその目的によって4つに大別できる[藤井千之助b 5頁]。第1は，史実をただしく理解し，みずからの知識を豊かにすることをめざす「理解・教養・教訓型歴史教育」である。第2は，史実を分析して一般的な法則を導出することをめざす「分析・法則・科学的歴史教育」である。第3は，歴史を学ぶことによって思考力を身につけ，それをもちいて眼前の諸問題を解決することをめざす「生活・社会的・現実的歴史教育」である。そして第4は，因果関係や時系列的な発展という考えかたを会得することにより，全面的な人格形成をめざす「知・情・意の発達を目指す人間形成的歴史教育」である[藤井千之助b 5-13頁，岩永 104頁も参照]。

　参考までにアメリカ合衆国における議論をかいまみると，歴史教育の目的としては，社会的アイデンティティの基盤たる集合的記憶の供給，人類の経験についての知識の供給による教養の深化，そして批判的思考をはじめとするものの考えかたの会得という3点が提示されている[フィッツジェラルド 82-83頁]。

　これまで提示されてきた諸々の類型を整理すると，歴史教育の目的ひいては歴史を語るおもな目的としては，史実を教授すること，法則を導出したり現実の諸問題を解決したり因果関係を把握したりするのに必要な思考力を会得させること，この2つがあるといえるだろう。

史実の教授

　このうち史実を教授することはなにを目的としているか。いいかえれば，史実に関する知識を会得することはそれ自体で目的として完結していると考えられているか。あるいは，その先にさらなる別の目的が想定されているか。

　ここで示唆的なのは二谷貞夫の所説である。通常ぼくらは，個々の史実を

会得すると，それを他の史実とつなぎあわせ，ひとつの歴史像としてまとめあげる。彼によれば，歴史像をみずからつくりあげれば「歴史的自覚」を身につけることができ，そして「歴史的自覚」を身につければ「歴史的な所産であり，歴史的自覚なしには，存在しえない」[二谷 138頁]公民たるに必要な資質が会得できる。この公民的資質の育成こそ歴史教育の目的であり，またここにこそ歴史教育の有用性がある。

　二谷の所説からわかるとおり，史実の会得や，あるいはその先に予定される歴史像の形成は，歴史教育の目的としては，それ自体では完結していない。二谷についていえば，歴史像の形成のさらにその先にある公民的資質の会得こそ歴史教育の目的である。そしてまた藤井や，さらには彼が言及する諸々の所説をみても，史実の教授あるいは会得という目的の先には，たいていはなんらかの目的がさらに設定されている。

思考力の育成
　歴史教育の目的として提示されてきたものとしては，もうひとつ，思考力を喚起することがあった。それにしても，この「思考力」とはかなり曖昧な言葉である。それでは，歴史教育学や社会科教育学の領域において，この力はどのように定義されてきたか。
　第二次世界大戦後の(ただし初等教育の)社会科教育におけるもっともすぐれた実践者のひとりとして知られる安井俊夫は，歴史教育がめざすべきは生徒が「知識を自分のものにする」こと，つまり「得た知識をふりかえりながら，ここはどう考えるべきなのか自力で自分なりの結論(意見形成)に到達していく」[安井 はじめに]ようになることであると述べている。あるいはまた社会科教育の目的について，高山博之は「社会についての科学的概念の形成，それを通しての科学的な見方・考え方や社会的判断力の育成」[高山 111頁]を，棚橋健治は「社会の教育力が習得を迫るイデオロギーに対抗して，社会の構造についての科学的な知識を批判的に習得することによって，自分なりの思想を形成」[棚橋 89頁]することを，おのおの重視する。歴史教育が育成するべきは思考力であるとすると，彼らにとって思考力とは，単にあれやこれやの知識を会得する力ではなく，それらにもとづきつつみずから考える力を意味している。
　この思考力のありかたを考えるにあたり，もっとも示唆的なのは森分孝治

の所説である。彼によれば，社会科教育の目的は，事象をおぼえさせることではなく，「どう理解することが正しいのかを相互に確認しあえるような理解，客体・世界を軸とするとらえ方，感情や情緒，倫理的判断を交えない知的理解」[森分a 85頁]を可能にするような，事象をとらえる科学的な理論を会得させることでなければならない。それによって論理的かつ批判的に説明する力，つまり「説明」を認識の原理とする「開かれた科学的社会認識」[森分a 78頁]を身につけることが可能になるからである。

こと歴史教育についても，森分のスタンスはかわらない。彼によれば，歴史教育がめざすべきは(社会科教育とおなじく)科学的な社会認識つまり「歴史の科学的説明」をする能力である。そして「たとえ内容がいくら「科学的」でありえても，生徒の認識の方法が科学的でなければ，科学的な社会認識の育成にはつらならない」以上，時系列的に史実をおいかける授業にとどまっていては歴史教育の目的を実現することはできないだろう。彼はこのように述べ，いまだにみられる「伝統的な通史授業」を批判する[森分b 75, 67, 60頁]。

歴史教育の目的として論理的かつ批判的なものの考えかたの習得を重視する森分の所説に対しては，教育のプロセスにおいて教員がとるべきスタンスや生徒の主体性に対する評価をめぐって，藤井千春から厳しい批判がよせられた[藤井千春a]。ただし，それにもかかわらず，歴史教育が育成するべき思考力の特徴を論理性と批判性に求める彼の所説はきわめて明快であり，また妥当であるように思える。

2　歴史は役に立つか

役に立つか否か

それでは，実際に世界史教育にたずさわる教員はなにを考え，なにをめざしているか。

歴史教育は役に立つべきか。つまり，歴史を語ることは聞き手にとって有用であるようななんらかの目的をもたなければならないか。この問いを出発点として，51人の教員のインタビュー調査記録を読みといてゆこう。

なお，以下ではインタビュー調査記録からの引用を多用するが，スペースの関係上，引用は代表的な発言のみにとどめる。また，引用文中の〔　　〕内

は引用者(小田中)が付記したものであり，……は引用者(小田中)が省略した部分を示している。

　先行研究では，歴史教育の目的として，日常生活にかかわる実践的な有用性を追求することが強調されていた(先述)。これに対してインタビュー調査記録では，数は多くないが，これ以外のものをあげる事例がある。

　　43 歴史を学ぶのは，それがおもしろいからです。この点は生徒に明言しています。そして，生徒に「おもしろい」と思わせるには，教員自身がおもしろがることが必要です。教員の姿勢は生徒に伝わります。わたしの場合は，たとえば，ガンジーが塩をつくっただけで逮捕された，しかし支持者が集まり，行列の長さは2キロに及んだ，という話を知ると，おもしろいと思い，生徒に話してしまいます。

　この事例によれば，歴史を知ることはなによりもまず楽しくおもしろいことである。たしかに，これまで知らなかった史実を知ると，ぼくらはしばしばワクワクする。それゆえ，歴史を学ぶことの目的はなによりもまずこのワクワクする感じを味わうことにあるという所説には強い説得力がある。

　さらにまた，こう述べるだけにとどまらず，歴史教育が実践的な有用性をもっていることを否定する事例もある。歴史を知ることは楽しい，そしてそれで十分であり，それ以上の「日常生活や将来に役に立つ」といった目的を求める必要はない，というわけである。

　　39 最初の授業で「世界史はおもしろいから学ぶのだ」と述べています。歴史を学ぶことは，小説を読んだり映画をみたりすることと共通するおもしろさがあるし，またそうあるべきだと思います……。なお，歴史を学ぶことが将来を考える際に役立つという意義づけはあまりおこなわないし，また，授業でもあえて話すことはしていません。

　　51 〔授業の目的は〕受験対策，視野を広げることによって日常生活を「ひいて」みられるようになること，おもしろい史実を知ること，この3つです。毎年，最初の授業で「世界史は生活には直接必要ではないが，人間には直接必要ではなくても役に立つことがある」といったうえで，この3つの目的を話しています……。世界史で習う知識は知的な生活を楽しいものにするには役に立ちますが，しかし，なくても生活はできます。

　たしかに，歴史を知ることに実践的な有用性を求めるというスタンスには，有用性が感じにくい史実を無視あるいは軽視することにつながる危険がある。

あるいはまた，そういった有用性を求めるあまり，それに都合がよいように史実を歪曲して提示したり解釈したりすることもあるかもしれない。こういった危険を考慮すると，歴史を学ぶことは日常生活の役に立たなければならないとアプリオリに仮定することには，ぼくらは慎重でなければならないだろう。

　ただし，これら以外の事例の多くは，というよりもほとんどは，歴史教育に実践的な有用性を認める点で一致している。歴史を知ることは日常生活の役に立つのである。

実践的有用性の根拠

　それでは，歴史教育はどのようなかたちで実践的な有用性をもっているとみなされているか。まず目につくのは，史実をはじめとする知識を獲得することはそのものとして実践的な有用性をもつという所説である。ここには，かの「知は力である」というスタンスがみてとれる。

　15　もっとも怖いのは無知だと思っています……。これからの時代を生きてゆくうえで必要なものは，ある程度は歴史が教えてくれます。ですから，すくなくとも新聞を読めるだけの力を身につけ，今後どうなるかを考え，これからの時代に対応するには，歴史の知識が必要です。たとえば，中東の情勢を理解するには，アラブ人とユダヤ人は人種的宗教的に似ていることや，19，20世紀のイギリスの外交に問題があったことを知っておかなければなりません。

　もっとも，このスタンスを表明する事例は1件しかない。より多くみられるのは，歴史教育は特定のアクチュアルなテーマを考える機会を供給し，その点で日常生活の役に立つと主張するものである。

　それらにおいて言及されているテーマとしては，人権の重要性にかかわるものと，歴史をつくる主体は人間であるといった人間と歴史の関係をテーマとして提示するものがともに4件で，もっとも多い。

　14　〔教科書には〕人権の歴史というテーマを設けるべきだと思います。世界史の授業をするにあたっては，柱が一本必要ですが，人権は柱になりうるからです。いまを生きるうえでは人権を考えることが必要です。また，西洋うまれの人権が東洋に根づくか否かや，現代の人権を過去にあてはめることが可能であるか否かは，重要な問題です。

46 ものを考える力をやしなうことは大切です。とくに人権感覚や憲法感覚です。ですから，フランス革命やアメリカ独立を教えるなかで，人権や自由が人びとの努力によって獲得されてきたプロセスや，憲法という考えかたの成立と変遷について説明してきました。

10 民衆の力が歴史をつくるというのは大切な視点だと思います。また，生徒の関心をひくと思います。それは，彼らも歴史はいろいろな人がつくるのだということを感じはじめているからだと思います。

41 〔授業の目的は〕過去がわかれば，これから歴史をつくりあげてゆくことができる，ということを理解させることです。つまり，すべてのものにははじまりがあるように，過去がなければ現在はありません。現在あたりまえとみなされているものも，過去のある時点でだれかがあたりまえにしたわけです。逆にいえば，わたしたちも未来の「あたりまえ」をつくることができます。たとえば，わたしたちは白い米を食べていますが，これは過去の人びとの品種改良の努力がつみかさねられた結果です。普通選挙制度は，じつは多くの人びとの血が流された結果としてかちとられたものです……。未来にシナリオはないし，未来をつくりあげてゆくのは生徒ですから，彼らを観客にしてはなりません。世界史は「この選択肢をとると，いったいどうなるか」を考えるよい機会を提供してくれるはずです。

また，人間とはなにかというテーマをあげている事例が3件ある。

39 世界史を学ぶ目的は，人間とはなにかについて考えることです……。世界史はなにかを伝えるためのツールです。ですから，世界史でなにを教えるかが大切だと思います。わたしにとって世界史を学ぶことに意義があるのは，人間や社会や文化の本質がわかるからであり，また，これはわたしたちが今日を生きるうえで有意義だからです。

40 〔授業の目的は〕人間とはなにかを考えることです。この観点から，生徒には，ギボン『ローマ史』，司馬遷『史記』，レマルク『西部戦線異状なし』，ヘミングウェイ『誰がために鐘は鳴る』，あるいは思想史にかかわる新書などを紹介しています。これらは学校図書館にいれてもらっているので，生徒はけっこう読んでいるようです。

このほか特定のテーマとしては，平和や政治の重要性があげられている。

23 〔授業の目的は〕とくに戦争について学ぶことにより，平和な社会の建設

に貢献することです。たとえば文化史を授業するときにも，わたしの念頭にはこの点があります。さらにいえば，世界史の知識は「六悪」つまり戦争，飢餓，貧困，抑圧，差別，環境破壊を防止することに役立つと考えています。生徒がこれらについて知ったうえで，いずれ，参政権の行使や子弟の教育などさまざまな局面で力を行使してくれることを期待しています。

48生徒はいずれ有権者あるいは公民として政治にかかわるようになりますから，政治について考えさせることは大切です……。そのために，授業では，たとえば「政治」など基本的な言葉の意味を考えさせています。あるいはまた，古代ギリシアにおける民主制と衆愚制を説明する際「当選したら税金を廃止するという公約を掲げる候補者に対して，皆さんが有権者だったら投票するか」という問題について質問し，考えさせる時間をとるなどの工夫をしています。

ただし，そのものとして役立つという見解と，特定のテーマを考える機会になるという見解は，合計したとしてもさほど多くない。歴史を学ぶことの有用性としてもっとも頻繁に，そして圧倒的に多く言及されているのは，思考力の育成に役立つことである（1 3 5 6 7 8 10 12 13 14 15 16 17 18 19 20 22 25 26 27 28 29 30 32 33 35 38 39 41 42 43 44 45 46 47 48 49 50 51）。51人の高校教員において，歴史を語り，教え，あるいは学ぶことは，なによりもまずなんらかの思考力の育成に貢献する行為として正当化されている。

歴史の真実にいたることはできるか

ところで，常識的に考えると，アクチュアルなテーマについて考える機会となるにせよ，思考力を育成するにせよ，歴史教育が日常生活の役に立つためには，そこで教えられる史実は正しいものでなければならない。フィクションにもとづいてアクチュアルなテーマを論じたり，仮説を利用しながら思考力を鍛えたりすることは，不可能ではないかもしれないが困難にちがいないからである。これはつまり，歴史をめぐってなされる思考は真実にいたりうるかという問題である。

この問題に対する回答を求めてインタビュー調査記録をみると，まず，真実にいたることはできないと主張する事例が目につく。

だいたいにおいて，歴史を語るに際しては，なんらかの評価が混入しがち

である。しかして，この評価をひとつに確定できるという保証はない。意図的にか無意識にか評価をまじえながら歴史が語られるとき，そこで語られることが真実か否かはにわかには判定しがたい。というよりも，評価を含めて考えると，真実は存在しないというべきかもしれない。

26 生徒は，史実も含め，ものごとを善悪で判断しようとしがちです。そうすると理解しやすいからです。しかし，たとえばルイ16世は善人だったでしょうか，それとも悪人だったでしょうか。フランス革命が基本的人権をうちだしたということを考慮すれば，革命が打倒したルイ16世は悪人だったと評価できるかもしれません。しかし，彼の治世には，まだ一般庶民のあいだに基本的人権という考えかたは普及していませんでした。このことを考慮すると，彼を悪人と評価することはむずかしくなります。生徒は，こういった事例を知ることをとおして，善悪について悩むことができるようになります。

それだけではない。そもそも歴史学や歴史教育は，史実を対象とするがゆえに，真実に到達することはできない，というスタンスもありうる。この場合「世界史については，答えは一つではない」([20])ということになる。このスタンスの背景には，評価の多様性云々という以前に，歴史はそれ自体が複雑であり，史実について正しくひととおりに把握することは不可能であるという，いわば相対主義的な歴史観がある[安達を参照]。

29 世界史では……「これだ」という正解はありません。ですから問題を解けないイコール・ダメということはできません。

38 〔授業の目的は〕「世の中はわからん」ということをわかってもらうことです。このことは生徒に明言しています。もうすこしくわしくいうと，第1に，「どうしてもわからないことがこの世にはあるし，答えがない問題もある」ということを楽しむことができ，また耐えられるようになることです。第2に，わからないことは格好悪いという減点法の発想ではなく，わからないことをどうにかしてわかるようになろうという加点法の発想をとることです……。社会科学としての歴史学の対象は例外事例がある複雑なものなので，これに対応するには，多様性に対応し，自分の常識を問いなおすことができなければならないからです。

ただし，すべての教員が相対主義的な歴史観を共有しているわけではない。というよりも，ほとんどの教員は史実について真実にいたることは可能であ

ると考えている。たとえ史実が複雑であり，評価が多様であるとしても，である。

> ③たとえば南京大虐殺についてはあったという説となかったという説がありますが，さまざまな角度からみることによって，本当はどうだったのかを知ることは可能だと思います……。多面的にみなければならないということについては，授業で何度も話すようにしています。

史実にかかわる真実に到達することは可能か否かという問題については，以前[小田中 a，小田中 b]簡単に論じたことがあるので，ここでは再論しない。ここでは，多くの事例では真実にいたりうることを前提に歴史が語られるということだけを確認しておきたい。

思考力と知識は，どちらが先に立つか

史実がいかにあったかを確認し，思考力を育成し，日常生活の役に立つべく歴史を語ろうとする場合，すぐに直面するのは，思考力の育成と知識の教授ではどちらが先に立つかという問題である。史実にかかわる具体的な知識がなければ思考力などうまれるはずもないのだから，まずは史実を先に教えるべきか。それとも，思考力がなければ，いくら具体的な史実を説明してもただの知識のつめこみに終わってしまうから，まずはディベートや調査発表など思考力を育成する方策を講じるべきか。

もちろん，どちらが先に立つかというこの問いかけは，かなり無理なものである。実際には，思考力の育成と知識の獲得は同時進行的に，相互補完的に，あるいは循環的にすすむというべきかもしれない[藤井千春 b 第１章を参照]。

> ②知識や事実を暗記することと，知識を使って歴史的な思考や判断をすることは，表裏一体のものであり，どちらかが先立つということはいえないと思います。知識を暗記しても，思考や判断に使わなければ意味がないと思いますし，思考や判断の際に知識がなければ考えることができないと思います……。判断力の育成と歴史的事実の教育との関係について考える時間があるのであれば，それは「判断力の育成と歴史的事実の教育の一本化をすすめる授業はどうあるべきか」にエネルギーを注ぐべきであると思います。

ただし，それでもこの点について問うたのは，これが教員にとっては単なる論理的な，あるいは(発達心理学などの学問領域における)理論的な問題にと

どまるものではないからにほかならない。それは，かぎられた授業時間のなかでどちらをどう優先すれば最適なパフォーマンスが達成できるかという，すぐれて実践的な問題である。

　この問題については，すべての教員に対してインタビュー調査で確認した。その結果，思考力の育成が先に立つとする事例が6件（[1] [28] [29] [41] [48] [50]），両者は同時になされるべきであるとする事例が9件（[2] [6] [12] [16] [24] [26] [27] [38] [49]），質問のしかたが悪かったなどの理由で的確な回答を得られなかった事例が4件（[5] [22] [40] [51]）であり，それ以外の32件では知識の教授が先に立つとされた。51人の教員のあいだでは，知識の教授が先に立つと考えるスタンスが圧倒的に多い。

2つの立場

　このうち思考力の育成が先に立つと考える立場の事例をみると，そこでは，なんらかのかたちで思考法を身につけさえすれば自分でおぼえはじめるものであり，そしてまた思考法を教えることは教員のしごとである，という意見が支配的である。この立場をとる場合，思考力を育成する具体的な方策はいかなるものかが大きな問題になる。

　　[41] ものを考える力が身についていれば，自分で学ぶことができます。これに対して，考えたり表現したり伝達したりする力を育成するためにはトレーニングが必要です。授業はこのトレーニングの場だし，トレーニングをするのが教師のしごとです。

　これに対して知識の教授を優先する立場をとる場合，その根拠は「料理をするには，まず材料をそろえなければなりません」（[4]）という言葉で要約できる。そして，思考する力はなによりもまず知識と知識を連接してゆくなかでうまれてくると考えられている。

　　[11] 年号をはじめ知識がなければ考える力は身につかないと判断しています。さらに，知識がないと先にすすまないし，他の人びととのコミュニケーションも困難です。

　　[23] 授業では「生きる力につながるから，まずはものをおぼえなさい」と話しています。いろいろなことを知っていて，はじめて正しい判断ができると思います。たとえば，中国史の時代区分がわかれば，今後の日中関係について考えることが可能になります。つまり，19世紀の中国は2つ

の革命つまり市民革命と産業革命につながるような可能性がない中世だったのか，それとも可能性を胚胎した近世だったのか，ということです。後者の立場をとれば「日本よりも遅れた中国」と軽々しく考えることはできなくなります。ちなみに，わたしの授業の大きなテーマのひとつは「なぜ中国では市民革命と産業革命が19世紀におこらなかったか」という問題です。

32 知識がたりなければ，ものを考える力は身につかないと思います。もしも知識が身につけば「ものを考える力」とくに分析する力を身につけることが期待できます。たとえば，イラク戦争をみて石油の問題に思いが及ぶということです。もちろん教科書を読むだけでは，そこまではすすまないと思います。なによりも本を読むことが大切です。授業では基本的に本を1冊は紹介するようにしています。

ただし，具体的な知識である史実をおぼえるのは，だれにとっても楽しいことであるとはかぎらない。それゆえ，この立場にたつときは，史実をおぼえるプロセスに教員が適切に介入することが重要になる。そして，この場合においてもまた，いかなる教育方法が適切あるいは必要かが大きな問題となる。

17 とくに，最近の中学校の授業内容や，活字ばなれをはじめとする社会の趨勢により，生徒は歴史を知りませんから，まずは知識を教えることが重要になっています。知識のつめこみになって生徒の意欲を削ぐといわれるかもしれませんが，そうならないように知識をわかりやすく説明するのが教員のしごとです。

37 教員が，生徒たちが理解できる地平までさがったり，これはどういうことかという切り口を適切に設定したりすることにより，わかりやすく事実を提示することが必要です。

3　思考力とはなにか

批判的に考える力

多くの事例では，歴史を教えることの目的は聞き手たる生徒の思考力を育成することにおかれている。それでは，歴史教育の目的たる思考力とは具体的にはどんな能力であり，あるいはどんな能力と考えられているか。

51人の教員は，ここでいう思考力をさまざまに定義している。その際には，たとえば，社会問題について考える力(⑬)，生きる力(㉙)，協働する力(⑮)，問題解決力(㊸)，ひろく考える力(㊺)，データを分析する力(㊽)，あるいは情報を処理する力(⑳㊽㊿)といった表現がもちいられている。

　それらのなかでまず目にとまるのは，思考力を自分で考えることができる能力と定義する事例が比較的多いことである(③⑤⑦⑩㉝㊹㊾)。もちろん，ある事例で「独断ではなく，社会科学の成果にのっとって考え，そのうえで，できれば社会科学の成果をのりこえてみること」(⑤)と述べられているとおり，自分で考えるとは，みずからの感覚や思考や直感にしたがって判断するのではなく，根拠にもとづいて論理的に思考をすすめることを意味している。

　それでは，自分で考えられるようになるためにはなにをなすべきか。それは「あたえられた知識を批判的にうけとり，自分なりの判断を自分でくだす」(㊹)こと，つまり批判的に考えることである。思考力とは批判的思考力にほかならない。

　㉝批判力が大切だと思います。知識が間違っていたら，いずれ修正すればよいだけのことです。批判力を育成する手段としては，教科書を批判的にとらえることがあります……人生，最後は自分で判断するしかないわけです。

　㊾考える力とは，過去がわかり，いまを分析し，未来を見通す力だと思います。このうち「過去がわかる」とは，史実について考え，なぜそう考えたのかを説明でき，自分なりの見解をつくりあげ，自分なりにイメージしたり自分で調べたりする意欲をもつことです。そのためにも，授業では教科書にかいていないことを教え，過去と現在の対話を可能にするようなものの見方を伝えることが大切です。たとえば……これはエンゲルス『イギリスにおける労働者階級の状態』を念頭においていますが，産業革命にはプラスとマイナスの両面があったことを知ることによって，批判精神を身につけることができます。

「つなぐ力」と「くらべる力」

　それでは，批判的に考えるためには，どのように思考する力が必要か。この点については，おもに2つの力が重視されている。第1は，知識と知識をつなぐ力である(②⑤⑫⑭⑯⑳㉒㉗㉘㉚㉜㊳㊴㊶㊾㊿)。

22 考えながら話を聞き，つながりを自分で考えるなかで，つながりを発見することは可能だと思います。その先には，自分なりに世のなかのなりたちを考える力が育つと思います。そのためには，教員の側としては，ドラマやストーリーをつくって教えることが必要になります。

28〔思考力の育成に〕世界史の授業が貢献できる部分があるとしたら，それは歴史を自分でくみたてる力をやしなうことだと思います。そのために自分なりの組立てを示し，「これは自分の見方である」と明言し，生徒からの批判を求めています。

39〔歴史教育がめざすべき思考力とは〕史実と史実をつないで考えることができる力だと思います。また，史実をつないで考えなければ，史実をおぼえることも困難です。それでは史実をなにによってつなぐべきかという問題ですが，私は社会経済的な視点や流れでつなぐべきだと考えています。ここでいう社会経済とは，人びとの生活がどうかわったかということです。

第2に重視されているのは，ものごとをくらべる力である（5 19 25 31 33 35 44）。批判的に考えるには，歴史に即していえば，史実と史実を連接する力のほかに，史実にかかわるさまざまな要因をくらべる力が必要なのである。

5 生徒に「なるほど，わかった」という経験をさせるのは，教員のしごとです。それでは，どうすればこんな経験をさせることができるか。わたしは「こういう見方もあるのか」という経験をさせることが有効だと思います。大学受験対策についても，たとえば大学入試センター試験のリード文や論述式試験の模範解答を生徒に読ませると，そこにはたいてい個人のものの見方がでていますから，生徒に新しいものの見方を示すことができます。ちなみに教科書については，あまり露骨に執筆者の意見はでていませんから，この点ではあまり役に立ちません。こういったいろいろなものの見方を示すことは，比較する力を身につけるという観点からしても，とても大切なことであると思います。ですから授業でもさまざまなものの見方をなるべく提示するようにしています。

思考力育成の可能性と必要性

教員インタビュー調査記録からは，歴史を語ることによって育成するべき思考力とは批判的に思考する力，具体的にはなによりもまず「つなぐ力」と

「くらべる力」であると考えられていることがわかる。それでは，歴史を語る（聞き手からすると，歴史を学ぶ）ことによってこういった力を育成することははたして必要か。あるいはまた，そもそも可能か。

まず必要性のいかんについては，不要であると主張する事例がいくつか存在する。この立場においては，歴史教育の基本的な目的は史実をはじめとする事象に関する個別具体的な知識を供給することにおかれる。その先は別の教科（公民科）や生徒（聞き手）本人のしごとである。

> 21 異なる歴史観や歴史解釈を提供することによって生徒にものを考える機会をあたえることは，世界史教育においても可能であると思います。ただし，ものを考える力を育成するのは，世界史教育の直接の課題ではありません。

> 31 〔思考力の育成よりも知識の教授を重視するべきだと判断するのは〕自分の高校生時代の経験を思いおこしたり，あるいは自分で考えて質問にくる生徒の姿をみたりしていると「生徒もそれなりに考えているのではないか，考える力の育成を授業でおこなう必要があるのか」という疑問がわいてくるからです。これは，文部科学省が「生きる力」を強調していることへの疑問でもあります。なお，いまの生徒をみていると，欠けているのは考える力ではなくむしろ基本的な知識なのではないかという気がします。

つぎに歴史教育によって思考力を育成することの可能性については，それは不可能であると示唆する事例が1件だけ存在する。

> 34 近年の『学習指導要領』では，たとえば「アメリカの地理がわかれば，それを応用することによってアジアの地理もわかる」といったように，知識は応用できるという発想がみられます。しかし知識の応用という考えかたは，いわば道具がないのになにかをさせようとするものであり，実際には不可能なのではないでしょうか。この点については，わたしは批判的です。

もっとも，これら以外の大多数の，というよりもほとんどの事例は，これと異なるスタンスをとっている。それによれば，歴史教育によって思考力を育成することは必要であり，かつ可能である。

> 29 〔授業の目的は〕授業であたえられた知識の背景を探ることによって，本当の意味で生きる力をつけることです。産業革命以来のマスつまり「大

量，大衆」の時代，あるいは統合の時代は，いまや終わりつつあります。それが証拠に，生徒たちはものを所有することから満足を得ていません。これからは，よい学校にはいればよいというわけではない時代，本当に好きなことをしなければならない時代，あるいはみんなとおなじことをしていたのではダメな時代がやってくるはずです。それでは，わたしたちはこの事態にどう対処すればよいのか。生徒たちには，そのことを自分の頭で考えられるようになってほしいと思っています。そうすることが必要になるからです……。生きる力を育成することは，国数英といった教科では困難です。世界史では自分のことについてふりかえって学ぶことができると思います。

思考力育成の目的

　それでは，かく育成された思考力はなにのためにもちいられるべきか。歴史教育の対象者たる生徒が思考力をもちいてなすべきことが期待されているもの，つまり思考力育成の目的としては，なにがあげられているか。

　しばしばみられるのは，思考力はみずからの人生をよりよいものにするべくもちいられるという発言である。

27［授業の目的は］ものごとを地球規模で，また時間軸のなかで考えられるようになることです。そうすれば，自覚的に生きること，つまり自分の判断にもとづいてよりよく生きることが可能になるからです。

43 歴史を学ぶのは，よい生きかたをするためです。つまり，歴史を学ぶこととは，ぼくらはどこからきてどこへ行くのかを考え，自分で理解することです。自分がどういう社会に生きているかがわからなければ，よい生きかたはできません。

　もっとも思考力の育成の目的がよりよく生きること云々というのでは，少々抽象的にすぎるかもしれない。この点に関してもうすこし具体的に説明しているものとしては，未来を築く能力を得ること，善悪を判断する力を身につけること，日本を理解するにいたること，この3つがある。

33［授業の目的は］過去を学ぶことによって明日の自分の生きかたを見出すことだと思います。あるいは，生徒に明日を生きる希望や夢をもたせ，「これからはきみたちの時代だ」というメッセージを伝えることだと思います。

21 世界史がわからないと，日本史はわかりません。世界史を学び，日本史を学ぶことで，はじめて日本の特色や立場がわかると思います。現在はグローバル化の時代ですから，なおさらこういった問題意識が必要だと思います。したがって授業では，遣隋使，元寇，明治維新など，日本と世界の関連の部分は重視して説明しています。

4　思考力育成の方策　その1 「つなぐ力」

「なぜか」を考える

　インタビュー調査記録をみると，思考力の育成策について51人の教員がさまざまな意見をもち，さまざまな試みをおこなっていることがわかる。ここでは，思考力についてなされたさまざまな定義のうち，言及されることが多かった「つなぐ力」と「くらべる力」について，それらを育成する方策にかかわる発言を検討する。両者以外の，生きる力，協働する力，問題解決力，データを分析する力，あるいは情報を処理する力などと定義された思考力の育成策については，分析を省略する。

　本節では，このうちまず「つなぐ力」の育成策をとりあげる。「つなぐ力」をいかに育成するべきかを論じるに際してしばしばもちいられるのは「なぜ」あるいは「なぜか」という言葉である。

16 論理的な思考力と善悪を判断する力は，世界史を学ぶことによって身につくと思います。そのために授業ではある史実を例にだし，「なぜそうなったのか」および「なぜそれ以外はおこらなかったのか」という2つのことを考えさせています。これによって論理のくみたてかた，さらにはものの考えかたが身につくと思います。

30 史実は偶然に発生したわけではないことを考えると，歴史を学ぶことは今後世界がどういう方向にむかってゆくかについて考える糸口になると思います……。たとえば，項羽と劉邦を比較して話しつつ「なぜ一方は成功して他方は失敗したのか」と発問し，判断する機会をあたえることもしています。

42 ものを考える力を育成することに対して，世界史は役に立つと思います。なぜこうなったかを考える機会になるからです。「なぜか」を考えることは大切です。個々の史実について「なぜか」と考えることをつみかさ

ねるうちに，大きくものを考えることができるようになるのだと思います。はじめから大きくかまえて考えることは，なかなか困難です。ですからわたしの授業では，史実と史実のつながりかたや，つながる理由……に力をいれて説明しています。生徒のあいだでは，歴史はストーリーがはっきりしているためにおぼえやすいという声を聞きます。ですから歴史におけるストーリーは大切だと思います。

因果関係を把握する

「なぜ」あるいは「なぜか」を考えるとは，ある史実の原因となる史実を探求することにより，原因たる史実と結果たる史実とをつなぎあわせることを意味する。この作業によって育成されるものはなにかといえば，それは因果関係を把握する力にほかならない。

もちろん，史実はさまざまなかたちでつながりうる。また，どのようなかたちでつないでも，つなぎかたが間違ってさえいなければ，それらのあいだに優劣はないだろう。ただし思考力とくに「つなぐ力」の育成という観点からすると，これらつながりのなかでもっとも重要なのは因果関係というつながりなのである。それゆえ「つなぐ力」を育成するためには，まずは因果関係をとらえる機会を提供し，因果関係をとらえる力を育成することが重要になる。

12 歴史的な感性である史眼を身につけることが大切だと思います。史眼を身につければ，現在のできごとの原因や結果を，過去にさかのぼりながら考えることができるようになるからです。また，現在のさまざまなできごとについて判断をくだすためには，いまの世の中がどうやってできあがってきたかを知らなければなりません……。ものを考える力とは，原因と結果という観点から現代社会をみる目のことです。

14 史実をあつめてゆくと，史実と史実のつながりがみえてきて，そこから一気に全体がつながる，というイメージです。なお，ここでいうつながりとは，おもに因果関係のことです。そして，この，つなげる力がものを考える力だと思います。

28 歴史をくみたてる力を身につければ，史実をおぼえることはできるようになると思います。ちなみに「歴史をくみたてる」とは，とくに因果関係を中心にして，糸を撚ってゆくような感覚でものごとを整理すること

です。その際は「なぜか」という問題を考えることが大切だと思います。

因果関係をとらえることの意義

　それでは，つなぐ力をはじめとする思考力を育成するにあたって因果関係を考え，とらえ，理解することが有効であり，あるいは重要なのはなぜか。
　この点について木村誠は，因果関係を問う問題を設定すると，聞き手（生徒）同士で討論することによって解答を探求させやすくなることを指摘している［木村 12頁］。因果関係をとりあげることは，自分で考え，したがって思考力を育成する機会を提供することを意味している，というわけである。
　ただしインタビュー調査記録から読みとれるのはこれとは別の理由，つまり因果関係は聞き手たる生徒の認識のプロセスにフィットしているというものである。たとえば「源頼朝が幕府をたてた」という史実は「源頼朝はなぜ幕府をたてることに成功したか」をはじめとするこの史実の原因や「幕府がたったことによって日本社会はどう変化したか」をはじめとするこの史実の結果とセットで提供されると，認識しやすくなる。ぼくらはしばしば因果関係に着目してものごとを認識しており，それゆえ因果関係をとらえる機会を提供することは理解力の育成にとって重要である。因果関係をとらえる力が身につけば，時系列的なつながりにもとづいて思考できるようになるだろう，というわけである。

　　②生徒がわかるように，生徒の認識プロセスにそった指導プロセスとなるよう心がけています。生徒に「なぜ云々だと思う？」の問いをつみかさねて思考力を伸ばすことが大切だと思います……。「なぜだろうか」，「ほかの選択肢はなかったのだろうか」，「人類は，こんな大昔から，こういう知識をもっていたんだ」，「古代から現代まで，ほとんどかわっていないこともある」，「あたりまえと思っていたことが，こんな最近に意図的につくられたことなんだ」など，歴史的思考力をはぐくむための知的好奇心をひきだすはたらきかけを毎時間の授業のなかにセッティングしておくことが世界史授業者の責務であると思います。
　　④〔教育方法として重視しているのは〕歴史の流れをわかりやすくとらえることです。ここでいう歴史の流れの中心にあるのは因果関係です。因果関係を重視するのは，まず「原因，事項，結果」という関係は「疑問，答え」という関係としてもちいることができるからです。つまり，歴史を

因果関係としてとらえると，授業を「疑問，答え」のくりかえしとして構成することが可能になります。生徒たちにとっても，因果関係がわかるとものの見方が深くなると思います。また「疑問，答え」という構成がないと，いくら教えても「だからなんなのか」ということになってしまいます。ちなみにアジア，アフリカ，ラテン・アメリカの歴史については「疑問，答え」という構成をつくりあげることがわりと困難だと思います。

それではなにについて思考するか。「温故知新」(⑪)という言葉にあるとおり，それはまずは現在である。

② 〔授業の目的は〕世界を学ぶことをとおしていまの世界を理解させることだと考えます。中東での紛争の原因はなにか，中国などアジアの国々からなぜ日本が非難されるのか，などをしっかり伝えることが，いわば大人の責任だと思います。授業では新聞の国際欄をコピーし，シク教徒の暴動，スリランカとインドの争い，東ティモールの問題など，世界史の学習とつなげてひとことふれるよう心がけています。イラン・イラク戦争の国境設定の問題については，ニハーヴァンドの戦いに端を発しているという声明などがあり，歴史を学ぶことの必要性を伝える教材としました。

㊻ 歴史をみることはいまをみることだと思います。いまの視野をひろげる授業をしたいと思ってきました。いまは過去のつみかさねのうえにあるからです。たとえば，失敗の歴史からはいろいろなことを学べます。コソヴォ，パレスティナ，あるいはイラクの現在は，長い歴史のうえにあります。生徒には，過去にうつして現在を見，未来を考えるという意味で，中国の歴史観ですが「歴史は鏡である」といっていました。

㊹ 〔授業の目的は〕いまがわかり，そして今後について考えることができるようになることです。歴史は，個々の史実を暗記しても意味がありません。いまの社会につながるようなものの見方を知ることが大切です。そのためには，たとえば「校庭にピラミッドはいくつ入るか」など，生徒の身近なことから考えさせることが有効です。一つひとつの史実についてイメージを自分で考え，そのうえで最後にはいまがわかるようになってほしいと思っています。

もちろん過去の先には現在があり，現在の先には未来があるのだから，時

系列的に考えるという営為の対象が現在にとどまる必要はない。未来について予測し，検討し，判断できるようになることもまた大切な目的である。

> 4〔授業の目的は〕過去の延長線上に今日があるわけですから，過去を学ぶことによって今日や未来の自分たちの道を考えることです。
>
> 37〔授業の目的は〕過去を知らずして未来を生きることはできませんから，これからの時代を生きるために必須の知識をあたえることです。世界史を学ぶことにより，現在生じているさまざまな事件の背景や流れを理解できるようになります。たとえば日韓関係やイスラム圏の紛争などです。
>
> 40〔授業の目的は〕「人間はこれからどこに行くのか」を考えることです。たとえば，アメリカ合衆国は身勝手なことばかりしているが，このようなアメリカン・スタンダードは本当に正しいか，長続きするか，という問題を考えられるようになることです。歴史を知っていれば，ムリは長続きしないというのが歴史の鉄則であることがわかります。

5　思考力育成の方策 その2 「くらべる力」

多様性を認識する

　それでは，もうひとつの具体的な思考力として重視されている「くらべる力」については，いかなる育成策が構想され，あるいは試みられているか。

　この点が論じられる際のキーワードは，おそらくは「多様性」である。「くらべる力」を身につけるには，歴史はさまざまなレベルで多様であることを認識することが必要なのである。したがって，歴史教育で「くらべる力」を育成するには，多様性を認識する機会を提供しなければならない。

　それでは，多様性を認識するべきであるというとき，なにについての多様性が念頭におかれているか。この点については，いくつかの立場がみてとれる。

　まず，史実の多様性を認識する（させる）べきことを重視する事例がある。史実と史実を比較すれば，それらのあいだの異同を確定し，ものごとを繊細に観察できるようになる，というわけである。たしかに，人口に膾炙している認識枠組みやレッテルにとらわれたままでは，なんらかの意味で自分なりの思考を始めることすらおぼつかないだろう。

> 5〔授業の目的は〕考える枠組みを身につけることです。わたしが「考える

枠組み」という言葉で意味しているのは，とりわけ，比較し，それによってちがいを見出す力です。たとえば，アテネとスパルタやメソポタミアとエジプトを比較することにより，ともすれば「古代ギリシアのポリス」とか「オリエント的専制」とかいった言葉でひとくくりにされがちなものごとのあいだにもちがいがあることを知り，ステレオタイプ的なものの見方を避けられるようになってほしいと思います。

　つぎに，史実にかかわる記述や説明の多様性を重視するものがある。記述や説明の比較はものごとを多角的にみる機会を提供し，ひいては自分で考える力の育成に資する，というわけである。たしかに，授業という場では，教科書の記述や教員の説明は一種の権威を付与されている。そのなかで教科書の記述を比較したり，あるいは教科書の記述と比較しながら教員が説明したりすれば，この権威が相対化され，批判的に思考できる機会がうまれるかもしれない。

　⑲〔歴史教育が育成するべきは〕多角的な見地からものをみる力だと思います。この点は授業でも強調しています。

　㉟教科書からは一定の距離をとっています。それは，多角的なものの見方があることを教えたいからです。たとえば，教科書の記述が「コロンブスの新大陸発見」から「大航海時代」にかわってきたことや，「インディアン」から「ネイティヴ・アメリカン」や「インディヘナ」へと呼称がかわってきていることなどを紹介したりしています。もちろん，大学入試に対応する関係上，教科書の記述をおぼえさせることも必要です。ですから，バランスをとるために他の見方を教えることが必要になります。……〔授業の目的は〕多面的に，とくに弱者の側から歴史をみることを教えることです。これによって常識がくつがえされることが期待できます。これは，国際化かつ異文化理解が叫ばれている今日，とても重要だと思います。

　さらにもうひとつ，ぼくらをとりまく現在を過去と比較し，いわば人類の生活の多様性を認識する（させる）ことを重視するものがある。現在と過去を比較することは，ぼくらの眼前に存在する現在を相対化する機会になる，というわけである。たしかに，ぼくらが生活している社会のありさま，そこにおける常識，さらには自分自身がアプリオリに想定している先入観といったものを含む，この現在を相対化することは，なにものにもとらわれず批判

的に考えるためには不可欠の前提作業だろう。

25〔歴史教育が養成するべき思考力とは〕現代の社会におけるできごとを相対化して見ることができる力だと思います。あるいは「史実を自分の身のまわりのことにおきかえて考え，歴史を現在の社会に応用することによって，現在の社会のなかで生活するために歴史に関する知識を役に立たせることができる力」といいかえてもよいかもしれません。

歴史にかかわる解釈や説明は相対的なものである

多様性に関する認識をはぐくむうえで，歴史教育は有益な機会を提供する。それは，歴史にかかわる所説はかなりの程度相対的なものだからである。

まずもって，それは主観的なものたらざるをえない。歴史教育についていえば，教科書にかかれていることには執筆者の主観が，授業で語られることには教員の主観が，かならず混入する。

4 授業は，個々の教員がなにをどのように教えたいかを出発点としてくみたてるべきだし，また教員がちゃんとわかったことを教えるべきです。そのため教科書と授業の内容のちがいについて生徒から質問がくることもありましたが，その際には「いまはこういう解釈になっている」と回答したこともありました。

39 教科書は読むようにいっていますが，時代の区切りかたや地域の区切りかたが教科書と〔授業で〕ずれていることや，教科書の記述は絶対的なものではないことは，生徒に明言しています……。教科書の間違いを指摘することもあります。たとえば，19世紀における「シュレスヴィヒ・ホルシュタイン問題」について，教科書は「シュレスヴィヒ・ホルシュタイン問題」とだけ記載していますが，このようにドイツ語でよぶことはドイツつまりビスマルクの見方にたつことを意味しています。国境や民族に関する問題については，双方のよびかたや考えを伝えなければなりません。そうしないと，えてして大国史観におちいってしまいます……。歴史を語るというのは，史実がはじめにあり，それにあとから解釈をくわえるといういとなみではなく，はじめにいいたいことがあり，それにもとづいて史実をピックアップするといういとなみであると思います。

さらにまた史実や歴史像にかかわる解釈や説明は，主観的であるがゆえに可変的たらざるをえない。歴史教育についていえば，教科書の記述内容や教

員による説明は暫定的に妥当性が認められているものにすぎない。

> 9〔自製のプリントについて〕教科書と比較するとプリントのほうが詳細だし，史実のつながりかたについて説明と教科書のあいだにズレが生じることもあります。その場合は，両方について説明します。場合によっては，教科書の内容について批判的なコメントをします。たとえば，前漢と匈奴の関係について「教科書には対等だったとあるが，史書の読みかたによっては，匈奴のほうが優越していたということも考えられる」といった具合です。あるいはまた，たとえば「産業革命」と「工業化」という用語法など，新しい研究動向を紹介し，歴史解釈がかわる可能性に言及することもあります。

多様性を認識することの意義

それでは，多様性を認識することの意義はなにか。それは，まずは，ものごとを相対化する力を会得することにある。そして，ものごとを相対化する力を会得することの目的は，異文化をはじめとする，自分と異なる他者を理解できるようになることにある。

> 15〔歴史教育が育成するべきは〕ちがうものを理解し，協働できる力だと思います。「他人に対するやさしさ」といいかえることができるかもしれません。たとえば宗教について，おのおのの宗教を第三者的に客観的に判断するには，宗教史の知識が必要です。宗教を信仰するかしないかは自由ですが，今日において宗教について知っておくことは不可欠です。

> 18〔授業の目的は〕さまざまな価値観をもった人びとが同じ時間に生活していること，人びとは喜怒哀楽といった感情を共有していること，そして，ひとつの事象をみることで他の事象もわかること，それゆえにものごとを注意深くみなければならないこと，こういったことをわかってもらうことです。

それでは，ここでいわれる他者とはだれのことか。他者を理解するとはいかなる営為か。多くの事例では，他者とは他の地域にくらす人びとであり，他者理解とは彼〔女〕たちの文化や歴史に関する知識を得ることである，とされている。

> 1 世界の歴史と現状を知れば，さまざまな地域で同じ時代を生きる人びとのことを理解でき，彼〔女〕たちと「同時代人」になることができると思

います……。世界史については，さまざまな地域の人びとと同時代を生きるのですから，多様性を当然視する感覚を身につけることができると思います。

10〔授業の目的は〕国際理解に役立つことです。世界史をとおして各地のちがいを理解し，それによって誤解と偏見を解くことができます。また世界史は相互依存の歴史ですから，異文化を学びあわなければならないことがわかります。

25 現代は国際化の時代です。いずれ生徒は世界をフィールドにすることになりますが，その際には世界の文化を知ることが必要になるし，そのためには文化の背景をなす歴史を知っておくことが有用だと思います。

42 他者のものの考えかたの特徴やおかれている立場を理解することは，大人の条件だと思います。たとえば，今日の日中問題を解決するには，日中双方が相手の考えかたや立場を理解することが必要でしょう。大人にならなければ国際問題は解決しません。そして，他者を理解するために必要な前提条件となる知識を提供するのが世界史教育だと思います。

ただし，他者の問題を論じる事例がすべてこの立場を共有しているわけではない。まず他者の定義については，歴史教育がとりあつかう過去の人びととはそもそもそれ自体で他者であると考える事例がある。ちなみに，この立場にたてば，日本史に登場する人びとも他者であるということになるだろう。また他者理解の定義については，それは，他者に関する知識を得ることというだけでなく，思考力を必要とする営為でもあるという点を強調する事例が存在する。

26〔授業の目的は〕自分が直接ふれたことのない世界を学び，異質なものを理解することです。「異文化理解」といってもよいでしょう。人間はすべてを直接体験することはできませんから，経験できないものをイメージすることはとても大切です。

13〔授業の目的は〕将来外国に行ったときに，外国の人びととコミュニケートできること，具体的には外国の人びとの立場を理解できるようになるということです。そのためには判断力，つまり社会問題について自分なりに考える力が必要です。たとえば，首相の靖国神社参拝の是非について考え，自分なりの意見をもてるか，中東戦争の背景を理解するために十字軍の歴史に思いをはせられるか，ということです。

まとめると，多様性に対する感受性を喚起するには，複数の所説を提示し，歴史にかかわる解釈や説明は相対的なものであることを理解させ，そして既存の常識や先入観に対して批判的なスタンスをとることが必要であり，あるいは有効である。これは，なによりもまず教科書をいかに利用するかが重要であることを示唆している。

　周知のとおり，かねてから教育学界では「教科書を学ぶ」のではなく「教科書で学ぶ」授業をするべきであるということがいわれてきた。このことはさまざまな教科やさまざまな教えかたについて妥当するだろうが，多様性を認識する機会を提供することを目的とする世界史教育にこそとくに妥当するといえるだろう［吉川a，吉川b，および吉川cを参照］。

のこされた問題

　本章では，歴史を語ることの目的はなにかという観点から，51人の教員に対するインタビュー調査記録を分析した。

　それによれば，歴史を語ることの目的はなによりもまず思考力とくに「つなぐ力」と「くらべる力」を育成することにある。そして「つなぐ力」をやしなうことの目的は，おもに因果関係にもとづいて考えられるようになることである。「くらべる力」をやしなうことの目的は，おもに他者を理解できるようになることである。それでは，歴史における因果関係はいかにとらえればよいか。因果関係を重視するというスタンスにたつ場合，歴史はいかに語ればよいか。こういった問題については第5章で検討する。

　また，インタビュー調査記録によれば，他者を理解するためには多様性に対する感受性が必要である。それでは，多様性に対する感受性はいかなる経路をたどって他者理解につながるか。この点を含めて他者理解にかかわる問題については第6章で検討する。

第4章
高校教員に対するインタビュー調査の分析 その2 歴史をいかに語るべきか

1　課題と方法

課題と方法

　本章では，51人の教員に対するインタビュー調査記録を定性的に分析しつつ，歴史をいかに語るべきかという問題を考察する。

　この課題と方法の設定のしかたは，第3章をほぼ踏襲したものである。課題の設定については，この問題をめぐっては，51人の教員に対するアンケート調査を分析しても明確な答えを見出しえなかったからである。方法の設定については，アンケート調査の結果を定量的に分析するだけでは接近しえなかった問題だけに，定性的な分析が必要かつ有益なのではないか，という判断にもとづいている。

　本章でもちいる分析方法についても，第3章を踏襲する。つまり，非構造化面接法にもとづき，各節や各小節のテーマに即した発言を諸事例に求め，分類し，整理し，そこから得られる含意を解釈する。

研究史の回顧 その1　教育方法論

　歴史をいかに語るべきか。この設問の中核にあるのは，どのように歴史を語れば聞き手の興味関心を喚起できるかという問題である。歴史教育に即していえば，いかなる教育方法を採用すれば生徒は歴史に興味を示し，積極的かつ自発的に授業に参加するか，ということになる。

　この問題をめぐっては，教育学のなかでも教育の方法を論じる教育方法論の領域で，これまで多くの研究がつみかさねられてきた。語り手である教員がいくら充実した内容を提供しても，聞き手である生徒の側に話を聞こうとする意志がなければなんの意味もない以上，この問題に強い関心がよせられてきたのはけだし当然の理というべきだろう。

　教育方法論の成果は，大別して，教員本人による実践記録［高校の地理歴史科

や公民科を含む社会科関連科目に関する例として，加藤公明，鈴木哲雄，松田，安井，歴史教育者協議会編を参照］，研究者をはじめとする第三者による調査報告［おなじく片上，田中，藤井千春bを参照］，この2つにわけられる。ただし，それらはともに，授業で利用できるテクニックとしてはどのようなものが有効であるかといった教授法の次元で論じられるにとどまっている。

　たとえば加藤好一は，中学校社会科を担当するなかで，生徒の興味関心を惹起することを重視する「たのしくわかる授業」を構築しようと試み，やがて「生徒の主体性を引き出す五つの授業技術」［加藤好一 50頁］を提唱するにいたった。すなわち，生徒の先入観をくつがえすこと，生徒のあいだで意見が対立するテーマについて議論させること，作業させること，教員と対話あるいは質疑形式の授業をすること，そして絵などイメージできる教材を利用することである。

　たしかに，生徒の興味関心をひきだすにあたって，これらの教授法はきっと有益だろう。ただし問題は，それらはなぜ，いかなるメカニズムにもとづいて有益かという点にある。加藤の所説をはじめとする教育方法論の多くは，このテクニックを使ってみたらこれほど生徒の興味をひくことができたといった，いわゆる授業実践記録の延長線上にあり，十分に理論的な根拠にもとづいているとはいいがたい。それゆえ，その普遍性や応用性には多少とも疑問がのこる。

研究史の回顧　その2　発達心理学

　もうすこし理論的な根拠があり，普遍性や応用性を有する所説を提示することが期待される学問領域としては，発達心理学がある。この領域では，さまざまな実験のデータや脳科学・認知科学の知見を利用しながら，教育のプロセスにおける(生徒をはじめとする)学習者の心理のメカニズムを探求する試みがなされている。

　教育のプロセスにおいて生徒の興味関心を喚起する方法を検討するに際しては，そのなかでもメタ認知論とよばれる領域が興味深い。人間の思考活動を認知とよぶとすれば，メタ認知とは認知に関する認知つまり思考活動をめぐる思考活動のことを意味し，さらに「「認知についての知識」といった知識的側面と，「認知のプロセスや状況のモニタリングおよびコントロール」といった活動的側面」［三宮 158頁］に大別できる。このうち後者つまりメタ認

知的活動とは，自分の認知の適切さをモニターし，そのうえで自分の認知をコントロールするべく目標や計画を設定したり修正したりすることを意味する。みずからの興味関心とは，まさにこのメタ認知的活動の対象である。

メタ認知論の領域で，とくに本章の課題にとって有益なのは，学習者の動機づけをうながす方策を探究する動機づけ研究である。学習者の動機づけ，つまり興味や関心や「やる気」をひきだすには，どのような手段が有効であり，また，いかなる条件をみたすことが必要か。

杉村新一郎によれば，動機づけをはじめとするメタ認知の詳細なメカニズムについては，いまだに十分なことはわかっていない[杉村 49頁]。それでも，この間の研究の進展をうけて，いくつかの事実が明らかになってきた。

まず動機づけをはじめとするメタ認知的活動をうながす方策について，三宮真智子は「メタ認知促進の鍵は，「他者とのコミュニケーションによる気づき，調整」を「自己とのコミュニケーションによる気づき，調整」へと移行させるような環境を提供することである」[三宮 170頁]と述べる。自分の思考活動をモニターしたりコントロールしたりする能力をやしなうには，コミュニケーションをはじめとする他者からのはたらきかけが大きな役割をはたす。これにもとづいて自己内対話が始まり，それをきっかけとしてメタ認知的活動が作動する，というわけである。

さらに動機づけの方策については，「何か他の報酬を得るための手段としてではなく，それ自体を満たすことを目的とされた欲求」である内発的動機づけと，「何らかの他の欲求を満たすための手段としてある行動をとることに動機づけられること」[市川 8頁]である外発的動機づけがあるが，教育のプロセスではこのうち前者のほうが重要であることが明らかになっている。

2　興味関心か，知識か

教員のしごと

そもそも他者を動機づけることは可能か。この根本的な問題からインタビュー調査記録の分析を始めよう。他者を動機づけることができなければ，本章の問題設定そのものがなりたたないからである。歴史教育に即していいなおすと，生徒が興味関心をもつようになるプロセスに教員が介入することは可能か。教員はそれほどオールマイティな存在か。

先述したとおり，インタビュー調査の対象は元教え子からすぐれていると評価された教員たちである。元教え子からすぐれていると評価されている以上，生徒を動機づけることに成功しているはずである。そして，そのような教員であれば，生徒を動機づけることの可能性と重要性は十分に認識していると推測できる。ところが，インタビュー調査記録を読んでまず印象づけられるのは，生徒の興味関心を惹起することのむずかしさを指摘する声が少なくないことである。それによれば，決定的なのはそもそも興味関心をもっているか否かである。

　[2]学習内容がおもしろければ関心や自発性がひきだされることもありますが，そうでないこともあります。内容がよく理解できたから関心をもち，自発性につながることもあるでしょうが，そうでないこともあるでしょう。いわゆる雑談のなかから生徒が関心を見出して自発性につながることもあるでしょうが，そうでないこともあるでしょう。むずかしい問題です。

　[8]一部には，大学入試で選択しないという理由で世界史を全面的に拒否している生徒がいます。彼らに対応することは困難です。

　[30]いまの生徒は好きか嫌いかがはっきりしています。嫌いな生徒におしつけることは困難です。最初ある程度様子を見，世界史を好んでいることがわかった生徒には，いろいろな機会にコメントをあたえます。まず興味の有無を確認し，興味がありそうなら少しずつコミュニケーションをとる，ということです。

　[32]〔生徒に〕もともと興味があるか否かが決定的だと思います。なければ工夫のしようがありません。

　それではそもそもの興味関心の有無を左右するものはなにか，といえば，第一にあげられるのは家庭環境である。

　[20]〔学習にかかわる生徒の自発性の〕有無は，生徒の環境によるところが大きいと思います。扱いやすい教材を利用してアプローチすればある程度は喚起できるかもしれませんが，そこには限界があります……。はじめに家庭を中心とする環境があり，それが感受性の有無を規定し，それが自発性の有無を規定し，それが知識の有無につながるのではないでしょうか。どんなに関心をひきだせる映像や史料をもちいても，興味がもてずに眠る生徒もいます。

48 考える力がそなわっていなければ，どんなに知識をつめこんでも，それは単なる記号になり，生徒の頭からこぼれおちてしまいます……。こういったことを考えると，みずから考えようとする姿勢が身についているか否かが重要になります。ただしこの点を左右するのは学校が4割，家庭など学校外の環境が6割でしょうか。

　もっとも，こういった（いわば）悲観的な見解を表明する事例は，少なくはないが多数派ではない。多くの事例では，教員が介入することによって生徒の興味関心を喚起することは可能であると考えられている（1 3 4 5 7 24 31 35 40 41 42）。

7 授業がわかったという感触をあたえる……ことによって「おもしろそうだ，もっと勉強してみよう」という気になります。そのためには，生徒が自分で学べばわかることと，生徒の自習ではわからないだろうことを区別し，後者をあらかじめチェックして授業の説明でカバーすることが必要です。授業の役割とは，生徒がわからないことを教えることです。世界史は，人から教えてもらうだけでは限界があります。自分で学ぶノウハウを身につけることが必要です。

興味関心と知識は，どちらが先に立つか

　それでは，興味関心の喚起にかかわる教員の介入が有効であるとして，それはいかなるものであるべきか。とくに，歴史に対する興味関心の喚起と，史実をはじめとする知識の教授では，どちらが先に立つか。つまり，史実にかかわる具体的な知識がなければ興味関心などうまれるはずもないのだから，まずは史実を先に教えるべきか。それとも，興味関心がなければ，いくら具体的な史実を説明しても砂粒のように記憶からこぼれおちてしまうだろうから，まずは興味関心を喚起する方策を講ずるべきか。

　もちろん，どちらが先に立つかというこの設問は，思考力の育成と知識の教授とではどちらが先に立つかという（第3章で先述した）設問とおなじく，かなり無理なものである。波多野誼余夫によれば，人間の認知のプロセスでは「データを処理する過程でプログラムができあがっていく」[波多野編 編者まえがき]のが普通である。つまり，興味や関心をはじめとするメタ認知にかかわる知識の獲得と，歴史教育でいえば史実をはじめとする個々具体的な知識の獲得は，同時進行的に，というよりは螺旋状にすすんでゆく。このこと

は，授業に即していえば，ただ知識をつめこめばよいわけではないが，さりとてただ興味関心をひこうとすればよいわけでもない，ということを意味している。

そのことを考慮したうえで，しかしながら教員インタビュー調査ではすべての教員に対してこの点を問うた。それは，これもまた教員にとっては単なる論理的あるいは理論的な問題ではなく，かぎられた授業時間のなかでどちらをどう優先すれば最適なパフォーマンスが達成できるかという，すぐれて実践的な問題であるからにほかならない。

インタビュー調査では，興味関心の喚起が先に立つとする事例が21件（1 4 8 15 16 20 25 26 27 28 29 31 32 34 35 36 40 41 42 43 45），知識の教授が先に立つとする事例が19件（3 5 7 9 11 13 17 21 22 23 24 30 33 37 39 44 46 47 48），両者は同時になされるべきであるとする事例が8件（2 6 10 12 14 38 49 50），そしてインタビュー調査の方法が悪かったなどの理由で的確な回答を得られなかった事例が3件（18 19 51）という分布になった。教員の立場は，知識の教授が先に立つというものと，興味関心の喚起が先に立つというもののあいだで，ほぼ二分されていることがわかる。

興味関心の喚起を優先する立場

まず興味関心の喚起が先に立つという立場をみてみよう。この立場を選択する理由としてあげられているもののうちもっとも多いのは，興味関心がなければ知識は定着しないというものである。

> 4 知識はふえればおもしろくなる，といってしまったのでは，授業になりません。また，個々の知識は調べればわかります……。「教員の努力によって関心がうまれ，そこから知識がふえてゆく」というパターンが理想的だと思います。

> 15 やる気があって，はじめて知識の獲得があると思います。ただし，ただ〔教員が〕おもしろい話をするだけではダメで，それが動機づけにつながるようなものでなければなりません。

> 27 内的な関心のないところに記憶はありません。あったとしても，それはつぎの学習のステップにならないし，また内面化されません。ただし人間には，普遍的で応用力がある知識については，学ぼうとする本源的な欲求があると思います。したがって，この欲求をひきだし，顕在化させ

るのが教育の使命です。

　このような判断の背景には，大学受験のために必要だといった理由で知識の習得を強制できるような環境が弱まっているという現状認識や，実際に両方の授業をおこなってパフォーマンスを比較してみたという経験がある。

　25 最近は，小テストや定期試験などをもちいて知識の習得を強制することがむずかしくなってきました。ですから，ますます興味づけが大切になっています。導入部や展開部における興味づけは教材研究の中核をなしています。

　43 授業の構造を考えると，導入部でレディネスをつくることが大切です。ですから〔知識と興味関心では〕どちらかといえば興味関心を喚起することのほうが先に立つと思います。わたしが「なぜか」という設問をなるべくするようにしているのは，そのためです。なお，動機づけについては，こういった方法によって純粋な好奇心を喚起できれば一番よいのですが，それがダメな場合はどんな動機でもよいと思います。

　26 興味関心と史実の知識では，興味関心が先に立つと思います。大学入試対策を考えてみても，たしかに史実を暗記させる授業をすると生徒の成績はすぐに伸びますが，やがて暗記するべき史実が増加してくると，成績の伸びはにぶります。これに対して興味関心を喚起することを重視する授業をすると，最初は成績の伸びはにぶいのですが，やがておいつくようになります。自分で両方の授業のやりかたを実施したことがあるので，この点についてはたしかだと思います。

　それでは，興味関心の喚起が先に立つという立場をとる場合，そもそもの興味関心はいかに生じるか。この点については，テレビ番組，マンガ，あるいは家庭での会話など，授業の外部で接するさまざまな情報が一定の役割をはたしていることが認識されつつも，基本的には教員の介入が重視されている。

　29〔知識と興味関心では〕はじめにあるのは興味関心だと思います。興味関心のきっかけは，他教科やテレビなど，なんでもかまいません。さまざまな知識は相互に連関しているということについては，生徒たちに明言しています。

　31 授業がおもしろくなければ，生徒のやる気はでないものです。おもしろくなければなにも始まらないのではないでしょうか。まずは興味関心を

ひくことが大切であり，それによってやる気がおこり，自分で学びはじめるのではないか，と考えています。そして，興味関心の喚起と史実の暗記というプロセスに，歴史のおもしろさを授業で伝えるというかたちで教員が関与することが必要です。その意味で，生徒にとって，教員との出会いはとても大切です。

4️⃣〔知識と興味関心では〕どちらかといえば興味関心が先に立つと思います。興味関心がある，おもしろいと思う，もっと知りたくなる，知識を吸収する，というサイクルになると思います。もちろん教員が介入することは必要ですが，それは「暗記せよ」ではなく「おもしろいからやってみよう」というものであるべきです。もちろん，やってみたらおもしろかったという場合もあります。ただし，教員はまず生徒を知りたい気にさせることに力を注ぐべきだと考えています。

知識の教授を優先する立場

つぎに，知識の教授が先に立つという立場である。この立場が拠ってたつ根拠を要約すると「なにも知らなければ興味関心などわくはずがない」というものになる。ちなみに，いくつかの事例では，勉強しているうちに興味関心が生じる実例を実際に目にしていることが強調されている。

2️⃣たしかに関心をもたせ，学習意欲を高めるにこしたことはありません。ただし，どちらが先に立つかというと，それは史実をおぼえることだと思います。そこからイメージがふくらみ，より高次の学習意欲につながってゆくのではないかと思っています。

3️⃣3️⃣暗記がすべてではありませんが，暗記しなければ感想もわかないし，説得的な意見ももてません。ですから気持ちよく暗記させることが大切になるわけですが，そのためには「なぜ学ぶのか」と問いかけることが大切だと思います。それによって意欲がわくからです。年に3，4回はそういう話をしています。

1️⃣3️⃣〔知識と興味関心では〕どちらかといえば史実をおぼえることが先に立つと思います。おぼえることによって興味がでると思うからです。実際，理系志望だった生徒が勉強するうちに世界史に関心をもちはじめ，世界史の教員をめざすようになった，といった事例をみてきています。

それでは，知識の獲得が興味関心の生成につながるメカニズムはどのよう

なものと考えられているか。この点を明言している事例は多くないが，いくつかの事例では，このメカニズムは両者をつなぐリンクを含み，そしてそれは「わかる」という行為である，という所説が提示されている。つまり，そこでは「知る，わかる，興味をもつ」というプロセスが想定されている。

> ⑤〔知識と興味関心では〕まず知識が先に立つと思います。知識が身につくと，それによって「なるほど，わかった」という経験をすることができるし，その結果として興味や関心がうまれるのだと思います。そしてさらにいえば「なるほど，わかった」と思えば，さらにまた知識を身につけることが可能になると思います。

> ⑰〔知識と興味関心では〕どちらかといえば知識をおぼえることが先に立つと思います。わかりやすくおもしろく知識を教えられることによって「あっ，そうだったのか」と感じ，興味がわいてくる，というのが好ましいサイクルだと思っています。

> ㊽もともと歴史好きの生徒も一部にはいますが，たいていはそうではありません。ですから〔知識と興味関心では〕どちらかといえば知識を得ることが先に立つと思います。これまで知らなかったことを知って関心をもったり，知ることによって成績があがって歴史が好きになったり，史料をみて関心をもったり，いろいろなパターンがあります。ですから，教員としては，最初はある程度強制してでも知識を身につけさせることが必要だと思います。それによって生徒は「やればできる」という気になり，関心をもちはじめるからです。ただし強制するだけではダメであり，バランスをとりながら知識をあたえなければならないと思います。

両者は同時にすすむとする立場

知識の教授と興味関心の喚起とでは，どちらが先に立つか。引用をみればわかるとおり，この設問に対する回答は，どちらかを選択した事例であっても歯切れが悪いものが多い。知識の獲得と興味関心の喚起とではどちらが先かという問いは，件の「ニワトリが先か，タマゴが先か」とおなじく，回答不能なものと考えるべきかもしれない。もしもそうだとすると両者は同時に進行するのであり，「どちらかといえば」という限定をつけたとしてもこの設問には回答できないということになる。

> ㊾知識がふえればわかるようになり，わかるようになればおもしろくなり

ます。この3つ,つまり知識をふやすこと,わからせること,おもしろくさせることは同時に実現できると思います。たとえば無敵艦隊との戦闘に際してエリザベス1世がおこなった演説を知れば,そのすごさがわかるし,そのすごさがわかれば興味がわくはずです。この立場は仮説実験授業の方法の影響をうけています。

そうだとしても,こういった,2者が螺旋状に同時にすすむようなメカニズムは,なんらかのきっかけが外部からあたえられなければ作動しないだろう。このきっかけとして機能しうるものはなにかといえば,それはまずは教員の介入である。

　14〔知識の教授と興味関心の喚起とで〕どちらが先に立つかは判断できないと思います。史料を読ませたり地図をかかせたりして下準備をする,そのうえで史実をおぼえさせる,それらを関連づけさせる,興味関心がうまれる,それによってさらに史実をおぼえる気になる,という関係にあると思います。したがって,下準備はとても大切だと思います。

　2 知識つまり歴史的事実の量がふえることと,学習意欲が向上することは,別の次元の問題だと考えます。知識をつみかさねてゆく授業をしているだけでは意欲は高まらないので,意欲をひきだす,知的好奇心をひきだす意図的なはたらきかけが必要だと考えます。残念ながら,現在の世界史の教科書は,ただ読んでいるだけでは知的好奇心に訴えることはむずかしいものであると考えます。

3　興味関心喚起の方策　その1　さまざまな教授法

コミュニケーション

　生徒の興味関心を喚起するには,知識の教授とのあいだでどちらが先に立つ(あるいは両者は同時にすすむ)と考えるにせよ,教員の介入が不可避であると考える立場を,多くの事例は共有している。そしてまた生徒に興味関心をもたせることは,ほとんどの教員にとっては,日々直面する緊要の課題である。そのこともあってか,インタビュー調査記録では,興味関心を喚起する方策についてさまざまなものが提示されている。

　19 すすめかたとしては,まず身近な例え話を多用しながら,ドラマとして歴史を語ります。ひたすらしゃべるのですが,時間がたりなくなること

もあります。話の途中途中でなるべくクラス全体に問いかけ，生徒に数十秒でも考えさせ，生徒の答えを確認しながら全体の流れをつかませます。どうすればおもしろくなるかをいつも考えています。そのひとつの手段は，史実と史実のあいだを，解釈をいれてつなげることです。とくに因果関係を考えると，すっきりとつながることが多くあります。

　こういった方策は，教室における対面式の授業においてのみ有効であると思われる，いわゆる教授法に属するものと，授業以外のさまざまな場面で歴史を語りつたえる際にも有効であると思われるものに大別できる。本節では，このうち前者を検討する。

　効果的な教授法が論じられ，あるいは提示されるに際して，もっともよくもちいられているキーワードは生徒との「コミュニケーション」である。動機づけの方策として重要かつ効果的であると考えられているのは，なによりもまず生徒とコミュニケートすることである。

6　〔教育方法として重視しているのは〕一方的な授業にならないようにすることです。生徒は現代の諸問題には関心や意見をもっていますから，それをとりあげ，検証することが大切です……。コミュニケーションは大切だと思います。指名して質問する，雰囲気をチェックしてフィードバックする，授業時間以外の質問をうけつける，などの方法をとっています。

10　コミュニケーションは大切だと思います。本当のことをいいあえるような良好な人間関係がなければ，生徒は笑いません。そのためにはまず授業のなかで，生徒の要求により高い次元でこたえることが必要です。もうひとつ，情熱をはじめとする「自分」をさらけだし，ときには人間として必要だと考えていることを伝えることも大切だと思います。自分の経験を伝えるのもひとつのしごとだと思っています。

11　〔コミュニケーションは〕大切だと思います。疑問や質問に対しては，根拠を明示し，生徒が納得するまで誠意をもって対応しました。するとまた新たな質問をする生徒が現れ，忙しかったけれども心地よい緊張感のある時間がすごせました。

12　コミュニケーションは必要です。コミュニケートしたくないと生徒に思われると，授業を事実上放棄されてしまいます。

33　生徒のほうをむき，コミュニケーションをとることは重要です。そのためには自分の人間性をさらけだすことが必要でしょう。コミュニケーシ

ョンがしっかりしていれば，むずかしい内容を話すことも可能になります。

43〔教育方法として重視しているのは〕クラスの生徒全員をまとめて相手にするのではなく，一人ひとりと対話をしているつもりで授業をすることです。具体的には，生徒の顔をあげさせ，目を見，指名し，「本当にわかっているか」というシグナルをあたえるよう努めています。つまり，コミュニケーションが大切であるということです。

コミュニケーションの目的

それではコミュニケーションの目的はなにか，といえば，それは生徒を授業に参加させることである。生徒の興味関心を喚起するには，なによりもまず彼(女)たちとコミュニケートし，それにもとづいて彼(女)たちを授業に参加させることが有効だからである。これはつまり，授業はなるべく双方向的な「対話形式」(9)をとるべきだということである。

1 参加やコミュニケーションは大切だと思います。授業では，生徒を指名し，生徒の考えや意見を発表させることによって，生徒の参加をうながしています。また，県オリエント協会の活動に生徒と参加するなど，学外で生徒とコミュニケートする機会もうまれています。

45〔教育方法として重視しているのは〕生徒と対話することです。それによって生徒に授業に参加してもらい，疎外感をなくすことが大切です。対話のきっかけとして，たとえば絵や映画の話をし，生徒の発言を求め，ついでそれを歴史にむすびつけます。さらに，たとえば「ライト兄弟はだれに操縦を習ったのか」といった，わたしには思いもよらないような疑問をだしてくれることもあります。こういった生徒の発言や疑問を尊重し，興味深いものであればクラス全体に公表し，別の生徒の意見を求めています。それによって，教員と生徒のあいだのみならず，生徒と生徒のあいだで話題を共有することができます。たとえば，1990年代にはロシアは経済危機であり，この国に対する生徒のイメージも暗いものでしたが，そこでロシアにはすばらしいバレエや音楽があるという話題を提供すると，生徒同士で対話が始まりました。大切なのは生徒が知っていることから話を始めることです。ですから，生徒がなにに関心をもっているか，つねに探っています。関心の対象は音楽でも，スポーツでも，

ゲームでも，なんでもかまいません。そのため，まず授業中頻繁に「このごろなにかおもしろいことがありますか」，「なにが好きですか」といった質問をしています。テレビでも，サッカーでも，小説でも，なんでもかまいません。回答があったら，なるべくクラス全員に「こんなことに関心があるそうです」と公表し，クラス全体で話をするきっかけをあたえます。もうひとつ，定期試験の答案を採点して返却する際，20字程度ですがかならずコメントを付しています。そのうち生徒はコメントに対する返事をくれたり，回答の余白にいろいろな話題を記してくれたりするようになります。これについても，興味深いものについてはクラス全員に公表します。これにより，その生徒がクラス全員の尊敬の対象になったり，クラスが盛りあがったりします。さらに，生徒のかいたものをあつめて「生徒お勧めの本リスト」をつくったりしています。教員がおもしろいと感じる本よりも別の生徒がおもしろいという本のほうが，生徒の関心にはフィットします。ちなみに，生徒から紹介された本は基本的に読むようにしています。

コミュニケーションの方策

　それでは，授業を双方向的たらしめる具体的な方策としてはどのようなものが有効だと考えられ，あるいはまた実際に利用されているか。容易に想定しうるものとしては，指名して質問することや，ディベート形式を導入することなどがある。とくに前者については，ほとんどの事例で重視されている。

　14〔工夫としてあげられるのは〕生徒を指名して考えさせることです。なるべく多くの生徒を指名するようにしています。発問に際しては，正解を探すのではなく，自分の考えを表明させることを重視しています。生徒の意見を一度うけとめ，それを肯定することが必要です。ただしこれは時間がかかるし，授業があらぬ方向にむかう危険があります。それをまとめるのが教員の力だとは思いますが。

　3 ファシズム，パレスティナ問題，ソ連崩壊などに多少時間を傾斜配分しています。なお，太平洋戦争にいたる道という単元には，5, 6時間をあて，ディベートなどをさせています……。〔授業に生徒を参加させるべく〕ディベート，時事報告，輪番で授業の要約と質問をノートにかいて次回授業の最初に発表する「記録ノート」制度，小討論と発表などを導入し

ています。

　さらにまた，コミュニケーションを促進するべく，教育学や心理学の領域で開発されてきたさまざまな技法を授業に導入している事例もある。これらはかなり先進的な授業と評価できるだろう。

　20 わたしは広島大学方式の，Ｑ＆Ａ方式の指導書を使っていますが，とても有益だと思います。教科書の内容プラス・アルファを整理するだけだったら参考書で十分だ，では教員の役割はなにか，と考えていたときに出会ったのが，どう考えさせるかを重視する広島大学方式の指導書でした。

　41〔教育方法として重視しているのは〕生徒同士で，あるいは教員と生徒で，たがいがいいたいことをいえるようにすることです。そのためには，たとえばグループ・エンカウンターやブレーン・ストーミングなどの方法を導入しています。ブレーン・ストーミングについては，たとえば，インド史にはいる前に，インドについて知っていることをあげさせるという授業をしたことがあります。ほとんどの生徒はカレーとヒンドゥー教をあげますが，そこから「本当にそれだけだろうか」というかたちで意見交換させたり，さらには「では授業を聞いてください」とつなげたりすることができました。

　49 理科ですすんでいる仮説実験授業をとりいれています。人類のあけぼの，スパルタクスの蜂起，産業革命について，授業書をつくり，仮説実験授業の方法にもとづいた主題学習をしてきました……。また，授業中には極力，生徒を指名する，机間巡視をして質問をうけつける，生徒からの質問に答えてさらに質疑応答をする，といったことをしています。

　これに対して，授業内容を板書してノートにかきうつさせるという授業法は，ともすればコミュニケーションや参加といった要素を重視しておらず古くさいというイメージをもたれがちである。また，このすすめかたは時間がかかるため，進度を考えると板書ではなくプリントや副教材を利用せざるをえないという声も少なくない。ただし，それにもかかわらず，板書を利用している事例はけっして少なくない。それでは，板書が支持されている理由はいかなるものか。それはまず，記憶するには手を動かすつまりかきうつすことが必要であると考えられているからである。そしてまた，使いかたによってはコミュニケーションや参加を促進しうるからである。

37授業の中心は板書と説明です。前半の20分ほどでくわしい説明をして生徒たちにうつさせ，後半で説明をくわえます。板書はかなり詳細なもので，ノートがそのまま大学入試勉強用に利用できるようなものにしています。プリントでなく板書をもちいているのは，かかないとおぼえられないと考えているからです。

26授業では，説明の内容を図示した「構造図」と地図を板書するようにし，構造図の内容が状況やイメージとして生徒の頭にうかぶような説明を口頭でくわえるよう努めています。イメージすることは頭を使うことですから，生徒にイメージさせるのはとても大切なことだと思います。地図を板書するのは，それをうつそうとするために生徒が顔をあげるようにさせたいからです。生徒とのつながりを実感し，また生徒の反応をチェックするためには，生徒の顔をあげさせることが大切です。

コミュニケーションの前提条件

　もちろん，こういった方策をもちいればかならず生徒とコミュニケートできるというわけではない。

41いいたいことがいえるようにするためには，授業の早い段階で「この先生は意見をだすことを求めている」というように教員のイメージを明確化したり「意見をだすことは気持ちよいことだ」と感じる経験をさせたりすることが必要です。

50〔生徒の参加は〕授業は教員と生徒の双方でつくるものですから，重要です。参加をうながすために「わからないことは恥ずかしくない，わかったらおもしろい」ということを明言しています。そもそも「自分がなにをわからないか」確認することが大切だと思います。

　それでは，効果的なコミュニケーションが成立するための前提条件とはいかなるものか。まず重視されているのは，教員と生徒のあいだに信頼関係があるか否かである。

23コミュニケーションを確立するには，教師の側には反射神経と知識が，生徒の側には参加意識と信頼感が，おのおの必要だと思います。そして生徒に信頼感をあたえるには「わかった，参加している，おもしろい」と思わせることが必要だと思います。

25〔教育方法として重視しているのは〕生徒を「こちら」つまり教員や授業に

むかせることです。そのためには「この先生についてゆけば世界史がわかるようになる」という感覚，つまり生徒からの信頼にもとづく人間関係をつくりあげることが必要です。生徒がこちらをむいているときは，授業はうまくゆくものです。これに対して生徒がいない授業は失敗です。

|45|生徒との信頼関係が大切だと思います。定期試験の答案に対するコメントを例にとりましょう。第1に，コメントをするのは，生徒をみていると思わせ，コミュニケートしようとすることが必要だと考えているからです。第2に，もしも定期試験の点数が15点と悪かった場合は「教えかたが悪かったんだろうか」というコメントを付します。教員と生徒の関係は一方的なものであってはならないからです。第3に，たとえ試験の点数が15点だったとしても，前回が5点だったのであれば，前回の3倍になったことを評価します。なるべくよいところを指摘し，ほめることが大切だと思うからです。

もうひとつ，フェアなスタンスをとらなければならないという点もしばしば指摘されている。コミュニケーションを始めるに際してはフェアネスが必要なのである。

|8|〔教育方法として重視しているのは〕世界史を学ぶ意義，授業の内容，授業の方法など，全体をとおして「筋」をとおした授業をすることです……。また，フェアあるいは誠実な授業をすることです。具体的には，どんな質問をしてもばかにしないこと，ミスをしたら謝ること，あるいはわからなかったら調べること，つまり生徒の人権を尊重することです。世界史を学ぶことは，すべて人間には存在する価値があるという人権の重要性や，すべて文化には存在意義があるという異文化理解の重要性を理解することにつながります。この発想なくしては，世界史教育はなりたたないはずです。わたしにとっての先述した「筋」とは，この人権と異文化理解の重要性を意味しています。

|18|〔生徒をひきつけるのに必要なのは〕生徒を認め，人間として対等にとりあつかうことだと思います。呼びすてにしない，間違ったら訂正して謝罪する，ということです。「知っていなくても変ではなく，これから一緒に勉強してゆこう」というスタンスをとることです。

|27|〔教育方法として重視しているのは〕生徒の自尊感情を大切にすることです。そのためには，生徒のまなざしをうけとめ，視線をあわせ，心をこめて

語ることが必要です……。したがって，すべての教育活動が授業に反映されます。自分の非は非として認めているか，教育活動を改善する努力を続けているかといった点を，生徒はみています。

ただし，フェアなスタンスをとることは生徒とまったく対等な立場にたつことを意味するわけではない。たしかに，たとえ信頼関係にもとづき，フェアで双方向的な関係をとりむすんでいる場合であっても，教える側たる教員の立場と教わる側たる生徒の立場とはけっしてイコールではありえないだろう。

48 授業時間の内外で生徒とコンタクトをとり，信頼を得るよう努めています。信頼関係が構築できれば，生徒は話を聞いてくれます。ですから，逆にいうと，信頼関係ができあがる前の4月は生徒をひきつけるのがけっこう大変です。なお，信頼関係を構築する際には，生徒との関係はあくまでも生徒と教員の関係，つまり教える側と教わる側の関係であることを忘れないことが大切です。「先生に聞けばわかる」と思わせなければならないし，そのために教員はたえず勉強することが必要だと思います。ただし，若い教員であれば友達関係的な信頼関係を構築することも可能でしょう。年齢に即した信頼関係の築きかたがあるということです。

4　興味関心喚起の方策　その2　つなぐ

つなぐことから興味関心がうまれる

つぎは，興味関心を喚起する方策のうち授業法以外のもの，つまり授業以外のさまざまな場で歴史を語りつたえる際にも有効であると思われるものである。51人の教員はいかなる方策を評価し，あるいは試みているか。興味関心はどのようなメカニズムで喚起されると考えているか。

こういった観点からインタビュー調査記録を分析すると，多くの事例で2つの営為が重視されていることがわかる。それは「つなぐこと」と「くらべること」である。本節では，このうちまずつなぐという方策について検討する。

既存の知識とつなぐ

興味関心を喚起するべくつなぐという場合，そこではいったいなにとなに

をつなぐことが想定されているか。それはまずもって，授業で供給される史実に関する知識を，生徒がもっている既存の知識とつなぐことである。

　10〔生徒は〕中学校で世界を学んでいないので，地名をはじめとして知識はたりません。でもテレビや音楽で外国の文化にはふれていますから，関心はもっていると思います。さらに，勉強したいという知識欲もあります。ですから，彼らが知っている歌やエピソードを利用しながら，彼らの知っていることと授業内容とをつなげてゆくことが必要です……。興味を喚起するには，おもしろい授業をすることが必要です。なお，ここでいうおもしろい授業とは，ダジャレとかおもしろい話をすることとかいう意味ではありません。オサマ・ビン・ラディンやフセインなど現在のことと関連づけたり，生徒が知っている有名な事件，人物，本，歌などと関連づけたりすることによって，生徒の知っていることと世界史をむすびつけるような授業のことです。

　45〔世界史に対して〕かなりの生徒は関心をもっています。それは，たとえば『三国志』マニアであるといったぐあいに，たいていは日常生活にかかわるものです。こういった関心を，彼らの日常生活にかかわる話をすることによってひきだすことが大切だと思います。きっかけさえあればけっこう食らいついてくるものです。わたしは，進学校でない高校で教えた経験から，生徒たちの関心をひきだすことがきわめて大切であり，そしてそのためには日常生活にかかわらせて話すことが有効であることを学びました。

　50〔生徒の自発性をひきだす際に注目するべきは〕手ざわり感とか身体感覚だと思います。身近でおこっていることについては，生徒はわかるものです。それを，世界の他の地域や過去の時代におこっていることにつなげさせることが大切です。そのためにも，たとえば地元の史料を解読して世界につなげたり，音楽を利用したりしています。

それでは，授業内容と既存の知識はいかにつなげばよいか。この点について明言している事例は，残念ながら多くはない。というよりも1件だけである。そこで提示されているのは「なぜか」という問いにもとづいて両者を接合すること，つまり因果関係に着目するという方法である。

　4 歴史を因果関係ととらえると，授業の内容を生徒たちの身近な問題につなげやすくなります……。ケース・バイ・ケースだとは思いますが，生

徒たちの身近な話題からはいり，とにかく最初はおもしろいと思わせることが大切です。

「いかに生きるべきか」という問題とつなぐ

つぎに目につくのは，史実に関する知識は，「いかに生きるべきか」とでもよぶべき問題につなぐと，生徒の興味関心を喚起できるという立場である。

それでは，歴史にかかわる授業において「いかに生きるべきか」という問題をとりあつかう場合には，どのような手続きをもちいるべきか。それは，まずは歴史上の人物を一種のロール・モデルとして提示するというものだろう。もちろん，このモデルは従うべきものでなければならないわけではない。それでは，そこで語られる歴史は，あまりにも単純な英雄史観になってしまう。歴史上の人物は，従うべきモデルとして利用しうる場合もあれば，否定するべき反面教師として利用しうる場合もあれば，あるいはまたみずからの人生をうつしだす鏡として利用しうる場合もある，そういった存在とみなされなければならない。

17 〔生徒が要求するのは〕こういうおもしろい人物や生きかたがあるのかと感じることです。生徒は，過去の人物の生きかたには関心を示します。人間がみえる授業には食いつきがよいということです。生徒がみている漫画やテレビをみてみると，彼らは生きかたについて語ってもらいたがっているように感じます。ですから，授業では「生きるという点では，過去の人物ときみたちとは共通している」と述べ，過去の人物の生きかたを一種のモデルとして提示しています。

37 歴史は人間のいとなみであり，その意味では人間の一生に似ています。そして，生徒たちは「自分とはなにか」を知りたがっています。とくに最近の生徒たちにとっては，偏差値で進路を決める時代が終わったこともあり，自分探しが大切になっています。ですから授業では，過去の人びとがどのように生きたかについて，なるべく具体的に話すようにしています。過去に生きた人間がでてくる歴史は彼らの自分探しに役立つと思います。

40 歴史は現在や未来につながっています。過去は一種のモデルを提供してくれるということです。生徒は生きかたについて漠然とした不安をもっていますが，歴史を知ればこの不安を少しでも解消できるのではないか

と思っています……。生徒には，将来に対する漠然とした不安感があります。しかし，そのような不安にみちた世界のなかで，彼らは生きてゆかなければなりません。そこから歴史に対する関心がうまれているように思います。つまり「歴史について知れば，自分の将来についてもなにか見通しがつくのではないか」と考えているということです。

45 いまの生徒……は一人っ子が多く，どうすれば人間関係を築けるか，どんな人間関係を築くべきか，といった問題について悩んでいます。ですから，人間関係に関連させて話をすると強い関心を示します。

因果関係をもちいて，史実と史実をつなぐ

ただし，つなぐことによって興味関心を喚起することができると主張されるとき，もっともよく言及されるのは史実と史実をつなぐという営為である。史実と史実をつないでストーリーをおりあげ，あるいは歴史像を構築すれば，興味関心を喚起できる，というわけである。

それでは，史実と史実をつなぐという場合，なにに着目して，あるいはなにをもちいてつなげばよいか。まずもって目にとまるキーワードは「因果関係」あるいはそれに準じる言葉である。

9 史実を知ると歴史の流れがわかり，歴史の流れがわかると興味関心がうまれるようです。ここで歴史の流れとは，因果関係や論理的展開を意味しています。つまり，時間的あるいは空間的なつながりについて「なぜか」と考えることです。たとえば「コロンブスがリスクをおかしたのはなぜか」という問題を考えると，当時のアジアとヨーロッパの関係に関心がおよび，さらに当時のアジアが豊かだったことがわかってきます。

15 大切なのは「こうなったからああなった」という筋を伝え，系統的に理解させることです。それをもとにして，もっとも基本的な知識をあたえ，そこから他の知識につなげたりひろげたりしてゆくと，関心を惹起しやすいと思います。

今日性という視点でつなぐ

そうだとしても疑問がのこる。因果関係にもとづいて史実と史実をつなげば，それだけで興味関心は喚起できるか。これだと，たとえば「今日は寒冷前線が通過した，そのため雷が鳴った」というかたちで，気象にかかわる2

つの事実をつないで説明すると，自動的に気象に対する興味関心が喚起できるということになるが，本当にそうだろうか。

インタビュー調査記録を読むと，因果関係でつなぐことと興味関心を喚起することとのあいだには，両者をつなぐリンクが，それも何種類か存在すると考えられていることがわかる。そのなかでまずあげるべきは，史実の今日性とでもよぶべきものである。

既存の知識(先述)と同様に，いま，ここにあるものに対しては，生徒は強い関心を示す。それゆえ，史実に対する興味関心を喚起するには，それがいま，ここにあるものとつながっていることを示せばよい。そのためには史実を別の史実と因果関係でつなぎ，さらにまた別の史実と因果関係でつないでゆけばよい。この因果の鎖は，やがては，いま，ここにあるものにいたるだろう。因果関係にもとづいて考えれば，どんなに遠い時代の史実についても今日性を語ることができる，というわけである。

> 3 世界史教育の一番の目的は公民的な資質の育成です。そのためにも歴史のなかで「なぜこうなったのか」という問題を考えさせ，また現在の問題とつなげて理解させています……。生徒はなによりもまず深く，わかりやすく，おもしろく，考えさせる授業を求めています。きっかけをあたえればあとは自分で学ぶということだと思います。また，授業の当初はエピソードなど歴史のおもしろさを求めますが，すすむにつれて現代の社会を考えるヒントを求めるようになります。

> 12 「いまの社会につながるか否か」という観点でみると，歴史的事実の教育と学習意欲の喚起はつながっています。つまり，この観点から教育するべき歴史的事実を取捨選択することが必要および可能だし，また，この観点を保持していると，学習意欲の喚起の可能性が高くなります。

> 33 なぜ因果関係を重視するかというと，いまの人間つまり生徒にわかるように歴史を考えるためには，因果関係に着目することが有用だと思うからです。生徒に声を届かせるためには彼らの感性に訴えかけなければなりませんが，そのためには現在につなげたり，史実の背景から説明したりすることが必要です。そのときに役立つのが因果関係だと思います……。現代につながるようなかたちで提示したり，感動をあたえたりすることができれば，かなりの生徒が関心を示します。ですから，教育方法が大切です。

38 とくに「なぜか」について考えさせ，因果関係を把握させることを重視しています。理想的には，歴史を学ぶとは現在をイメージし，未来を予測することだと思います。ですから「きみならどうしただろうか」と問いかけ，教科書にあるほど歴史は単純ではありませんから，自分で考えさせるとともに「なぜか」を考えさせます……。〔生徒は〕現在の世界には強い興味をもっています。でも，世界史にはあまり興味がありません。両者をつなげたいと思っています。

思考する機会を提供することによってつなぐ

つぎに目にとまるのは，因果関係をもとに史実と史実をつなぐという作業は生徒に思考する機会をもたらし，そこから興味関心がうまれる，という所説である。因果関係でつなぐことと，興味関心を喚起することは，思考機会の提供というリンクでつながっている，というわけである。

興味関心を喚起するには，楽しくなければならない。そして，自分の頭でものを考えるのは，たいていは楽しいことである。それでは，自分で考えるに際してとっつきやすい問題としてはどのようなものがあるか。すぐに思いつくのは因果関係にかかわるもの，つまり「ある史実が生じたのはなぜか」というものだろう。原因を探求する作業は，推理小説を読むことにも似ておもしろいし，わりとわかりやすいからである。因果関係にもとづいて史実をつなぐという作業は，ものを考える機会を生徒にあたえることによって興味関心の喚起に貢献するはずなのである。

29 生徒たちは知識が不足しているので，やらせればよい反応が返ってきます。ただし，知識をあたえるだけでは自発性は喚起できません。考えかたや勉強法を示唆することも必要です。考えかたを学ばなければ，知識と自発性はつながりません。実際，生徒たちについては，自分で考察する習慣はないと前提して対応することが必要です。ですから，とくに「なぜか」という問題について考えさせる機会を授業中にあたえることが重要です。そうしないと単なる暗記に終わってしまいます。

43 授業中は，なるべく生徒に質問するようにしています。プリントの穴にはいる語句をたずねたり，授業の導入部でたとえば「第一次世界大戦後に各国では女性に参政権が認められたが，なぜだと思うか」といった質問をしたりしています。それは，指名したほうが緊張感を保てるからで

すが，それだけでなく，指名することは一種のやりとりであり，授業にはそれが不可欠だと考えるからです。また，とくに導入部で理由や原因を問う質問については，考えさせておくことで授業内容が生徒の頭にのこるし，食いつきもよい，ということがあります。

51 世界史は，教員がいなくても知識はおぼえられる教科です。ですから教員のしごとは生徒の興味をひきだし，スタートラインで意欲づけをすることです。語句を教えるよりは興味をひきだすほうが大切だと思います……〔生徒の興味関心を喚起するには〕自分で考えさせることです。かきうつすだけでは作業であり，勉強ではありません。かきながら「なぜか」と考えさせること，語句と語句のつながりを考えさせることが大切です。ただし，そこまで考えさせ，さらに史実を教えるには，授業の時間は十分ではありません。その場合は，史実をおぼえるのは自分でもできることですから，授業で大切なのは後者だと思います。なお，おぼえかたは教えています。いろいろと記憶に関する本を読んでいますが，高校生段階ではつながりでおぼえることが必要だそうです。「なぜか」とか「どうなっているか」とかいったことを重視しているのはそのためです。

「わかった」という経験をさせることによってつなぐ

もうひとつ，生徒に「わかった」という経験をさせることを，因果関係と興味関心のリンクとして提示している事例も少なくない。たしかにぼくらはわかると楽しくなるし，また「わかった」という達成感は大きな動機づけをあたえる。それゆえ，興味関心を喚起するうえで「わかった」という経験をさせることはとても有効であるにちがいない。歴史についていえば，歴史を「わかった」という気になるのは，なによりもまず因果関係にもとづいて歴史のなかにストーリーや歴史像を見出したときだろう。

12 物語として，つまり因果関係があるストーリーとして説明すると〔生徒が〕わかるようになる可能性が大きくなります。歴史の動きかた，とくに因果関係が発見できると，興味関心がわく可能性が大きくなります……。

20 〔生徒の興味関心を喚起するのは〕わからなかったことがわかるということです。ここでいう「わかる」とは「なぜか」という問いに対する答えが

わかることです。たとえば,なぜ日本は第二次世界大戦で負けたか,なぜヒトラーは首相になったか,などです。そのためには,因果関係を重視し,論理的な説明をすることが必要だと思います。ただし,その際に必要となるのはひきつける導入の工夫です。教育は導入と動機づけだけで本当はよいのかもしれません。

24 板書には力をいれています。板書では歴史の流れを説明することに力点をおき,矢印を多用しています。それは,世界史の授業を学びはじめたころの生徒は世界史の体系が頭にはいっていないからです。ここでいう流れとはおもに因果関係のことですが,生徒には「おでんの串のようなものだ」と話しています。流れをつかめば,史実をおぼえ,歴史を暗記ではなく理解し,楽しく学習することが可能になります。

5　興味関心喚起の方策　その3　くらべる

くらべることから興味がうまれる

　歴史に対する生徒の興味関心を喚起する(授業法以外の)方策のうち比較的多くの事例で言及されているものとしては,もうひとつ,くらべるという営為がある。
　ものごとを比較することの最大の効果は,比較されるものごとを相対化しうることである。そして,これらの事例では,くらべ,相対化することは生徒の興味関心を喚起することに役立つとみなされている。

33 世界史の授業では,価値観が多様であることを学ぶことができます。それは自分の価値観を選びとる機会になりうると思います。そのために自分の価値観を明示し,「きみはどうか」と問いかけています。ただし生徒が考える時間までは,保証したいのですが保証できていません。また,授業の最後で「なぜ世界史を学ぶか」について自説を展開しています……。〔生徒の興味関心を喚起する方法とは〕自分の考えを明確にだすことだと思います。そうすれば生徒は耳を傾けるし,他の教員の話と比較しながら自分の価値観を選びとってゆくと思います。

　それでは,くらべ,相対化するという場合,具体的にはどのような方策が評価され,あるいは実際に試みられているか。この設問を念頭におきながらインタビュー調査記録を読んでみると,まず目にとまるのは「目からウロ

コ」というせりふである。

　10〔生徒をひきつけるのは〕教員の知識の量だと思います。よいタイミングで良質の知識を提示し，目からウロコの経験をさせることが大切だと思います。知識をあたえることは生徒を大人にすることです。これはとても大切なしごとですから，生徒の関心を喚起するためにはさまざまな手段を利用します。

　38〔生徒をひきつけるには〕常識をくつがえし，目からウロコがおちる経験をさせることだと思います。たとえばコロンブスの航海について，「確信をもったコロンブスが，確信をもったスペイン王に援助された」といった常識と異なり，さまざまな誤解の産物だったことを知らせることです。

　41〔教育方法として重視しているのは〕目からウロコの経験をさせることです。あるとき生徒から「目からウロコがおちた」といわれたことがありますが，この言葉はいまでも心にのこっています。

　目からウロコがおちるとは，それまでもっていた常識や先入観などが否定されたり，あるいはそれまでかかえていた未解決の疑問の答えがみえたりして，目の前がひらけるような経験をすることである。「目からウロコ」という言葉を使うか否かは別にして，こういった営為は肯定的に評価されている。歴史の授業に即していえば，これは，生徒があれやこれやの史実について一定の知識や認識や解釈をもっていることを前提に，それと異なる知識や認識や解釈を提供し，両者を比較し，あるいは比較させ，後者によって前者をくつがえすということである。かくして知的な好奇心がゆさぶられ，興味関心が喚起されるだろう，というわけである。

　2〔授業の目的は〕あたりまえだと思っていた常識をくつがえすことによって，学ぶ意欲をひきだすことだと考えます。たとえば，コペルニクスやガリレオを教えるときに，生徒に「本当に地動説が正しいのか，どうして地球が動いていることがわかるのか，説明できる人はいるか」と聞きます。答えられる生徒はほとんどいません。「みんなは小学校で教えこまれたから，ただ信じこんでいるだけかもしれない」といい，まして，そんな考えがない当時は，地球が動いているということがどれだけ非常識なことだったのかイメージさせるようにしています。また，現在でも地動説が完璧な理論にまでいたっていないことにもふれ，コペルニクス

やガリレオはある意味では真実より信念，自分の思いこみをつらぬいたともいえること，つまり非科学的な発想が科学の発見をもたらすことが多いことを話し，「みんなも，なんでもいわれたことだけをおぼえるのではなく，人とちがう発想を大切にすることが新しい発見につながるかもしれない」と，人とちがう自分を大切にするようメッセージを伝えます。

36 生徒がもっている歴史観や歴史像と異なる角度から歴史を切ることも，生徒をひきつける手段だと思います。たとえばマルコ・ポーロについて「謎の多い人物で，じつは中国に行っていない」といった話をすると，へぇっと思う生徒がでてきます。

37 〔生徒の興味関心を喚起する方法とは〕日ごろかかえていた疑問が解決して「ああ，そうだったのか」という気持ちになるという経験を味わわせることです。そのためには，教員の側も新鮮な気持ちでいなければなりません。自分がおもしろいと感じたことを説明したり，生徒たちの生活から得た情報をもとに授業内容を修正したりすることが必要だと思います。

選択の機会を提供する

くらべ，相対化する方策として言及されているものとしてつぎにあげるべきは，生徒に自分で選択する機会を提供することである。これに関して重視されているのは，歴史の授業に即していえば，史実，解釈，歴史像，あるいは歴史観について，教員の所説や教科書のそれを含めて多様なものを複数提示することである。そうすれば，それらをみずから比較対照し，そのなかからもっともたしからしいとみずから判断したものを選択したり，それらを素材としてみずから新しいものを構築したりする機会が得られるだろう。かくして，ここでもまた知的な好奇心がゆさぶられ，興味関心が喚起される，というわけである。

36 授業の冒頭で「世界史は，意義を考えながら，またなぜこんなことがかいてあるのかを考えながら学ぶ教科である」ということを話しています。歴史は単に昔のことを調べてつなげたものではなく，現在の視点からかかれています。つまり「いまの世界はどうしてうまれたのか」あるいは「いまある自分とはなにか」といったことを知るために，過去の史実を人為的かつ主観的に再構成してできあがったものです。そういうことを

考えながら歴史を読まなければならないということです。この点については，具体的な説明をする際にも意識してしゃべっているつもりです。たとえば，モンゴル史については，最近の新しいとらえかたを紹介しています。ルネサンスについては，いわゆる12世紀ルネサンス論を紹介し，中世とルネサンスが断絶しているわけではないことを説明しています。フランス革命については，革命前後の連続性を強調する学説があることにふれています。生徒は，知的好奇心を刺激されるのか，わりと関心をもつようです。

歴史のダイナミズムを感得する

このほかに注目するべき方策として，最後にもうひとつ，歴史のダイナミズムを感得させるというものをあげておこう。ただし，この方策に言及している事例は1つだけである。それによれば，ある史実について複数の所説を紹介すれば，歴史はあたかも生きもののような，じつにダイナミックなものであるという印象をあたえることができる。この印象をもとに生徒の知的好奇心をかきたて，興味関心を喚起することが期待できる，というわけである。

[14]教科書の記述でたりない場合も生じるので，そういうときは別紙プリントをつくったり，自製プリントにはめこんだりしました。また，たとえばバロックの時代区分について，教科書に対する疑問の提示や新しい学説の紹介をおこなったこともあります。生徒たちは，歴史はさまざまな角度からみることができる，歴史は生きものである，という印象をもち，興味深く聞いていたように思います。〔教科書に求めるスペックとしては〕第一に，世界史のダイナミズムを感じられるところをふやすべきだと思います。それは，授業が「各国史」ではなくて「世界史」である以上，世界史とはなにかを考えさせなければならないからです。

のこされた問題

本章では，歴史をいかに語るべきかという観点から，51人の教員に対するインタビュー調査記録を分析した。

それによれば，歴史を語るに際しては，聞き手(生徒)が興味関心をもっていることが必要である。それゆえ，知識の教授という営為との前後関係については意見がわかれるが，いずれにせよ興味関心を喚起することが必要にな

る。そして，興味関心を喚起する方策として，さまざまな教授法が試みられている。教授法以外の，つまり授業以外のさまざまな場で歴史を語りつたえる際にも有効であると思われる方策としては，つなぐこと，くらべること，この2つの方策が重視されている。

　ここで興味深いのは，興味関心を喚起するべく重視されている2つの方策が，思考力を喚起するべく重視されていた2つの方策とほぼ同じものであるということである。どちらの場合にあっても，それは「つなぐこと」であり，「くらべること」である。つまり，少なくない事例において，つないだりくらべたりすることは思考力と興味関心を同時に喚起できる営為であると考えられている。その意味で「つなぐこと」と「くらべること」は，歴史の授業において，さらには歴史を語るに際して，きわめて重要な位置を占めている。

　それでは「つなぐこと」と「くらべること」は，たがいにどんな関係にあるか。さらにいえば，つなぐに際して重視されているのは因果関係にもとづいて考えることであり，くらべるに際して重視されているのは他者を理解することであるが，因果関係にもとづいて考えることと，他者を理解することは，たがいにどんな関係にあるか。これら営為はたがいに整合的に実行しうるか，それともあいいれない存在か。こういった問題については終章で検討する。

第5章
因果をいかにたどるか

1　どうつなげば役に立つか

歴史をたどる，歴史を役立たせる

　本章では，インタビュー調査記録において重視されている2つの営為のうち「つなぐこと」について，それを実践するに際して事前に明らかにしておくべき問題を考える。具体的には，史実をどうつなげば歴史は役に立つようになるか，因果関係はいかに語りうるか，この2つである。

　本節では，このうち前者の問題を検討する。インタビュー調査の対象たる51人の教員は，その多くが歴史を学ぶことは日常生活の役に立つと考えている(第3章で先述)。その際に想定されているおもなメカニズムは，歴史を学ぶことによって「つなぐ力」と「くらべる力」が育成される，それによって思考力が身につく，それによって日常生活の役に立つ，というものである。それでは，このうち「つなぐ力」について，史実をどうつなぎ，歴史をどうたどれば，思考力が身につき，ひいては日常生活の役に立つか。この課題を達成するためには，史実をいかにつなげばよいか。

起源としての過去を求める

　この問題についてインタビュー調査記録のなかでもっとも目につくのは，過去は現在とつながっているゆえに知って役に立つというものである。いいかえれば，歴史の授業では過去と現在を時系列的につなぎ，現在の起源としての過去を求める力を身につけさせるべきなのである。役に立たせることを考慮にいれる場合，歴史は過去と現在を時系列的につなぐかたちでたどられなければならない。このように把握される過去は「起源としての過去」とよぶことができるだろう。

　7 現代社会を生きてゆくためには，どういう時代を経て今日にいたったかを知っておくことが不可欠だと思います。いまのことを知るには過去に

関する知識が不可欠だということです。
17 日本とアジアの関係をみればわかるとおり，過去と現在はつながっています。ですから世界史は，現在という時代の環境を理解するうえで基本となる知識を提供する点で，判断力の育成に貢献できると思います。
18 〔授業では〕近現代史に重点をおいています。それは，現代の社会や国家の原点を知ることによって現代を考えさせたいからです。また，その目的からして，他の時代を説明するにあたっても現代とのつながりを強調しています。ヘーゲルを援用し，「歴史は自由の獲得と理性の自己実現とのプロセスである」といった話もしています。
35 「過去に目を閉ざすものは盲目になる」，「歴史は知の源泉」，「歴史は過去と現在の対話である」といった言葉に示されているとおり，歴史上の知識は自分たちがよりよく生きるための生活の指針になります。歴史はいまの社会に関連しているからです。たとえば，今日の日本にとっては無関係にみえるインカ帝国の歴史であっても，日本人が食べている野菜のおよそ3分の1はインカで栽培されていたこと，当時の農業は現代を上回る農業技術をもっており，環境に十分配慮したものだったこと，紛争をあくまで外交手段で解決するという姿勢や，障害をもった人たちへの対応もすぐれていたことなどが知られています。
37 〔授業では〕重要な史実について，その背景，意味，そしてとくに現代とのかかわりを重点的に説明します。現代とのかかわりを重視するのは，歴史を学ぶことは，単に過去を学ぶことなのではなく，現代を生きたり未来を知ったりするためのいとなみだからです。

教訓としての過去を求める

　日常生活の役に立たせるには史実をどうつなげばよいかという問題をめぐって，つぎに目にとまるのは「教訓としての過去」とでもよぶべき考えかたである。それによれば，歴史の授業では過去に教訓を求める力を身につけさせることが必要である。

　歴史に教訓を求める場合，教訓となる史実と，ぼくらが生活する現在のあいだには，時系列や因果関係にもとづくつながりが存在する必要はない。両者のあいだにつながりが存在するとすれば，それは教訓性とでもよぶべきものにもとづいている。

ここでいう教訓性とは，現在を理解し，あるいは改善する際に役立つ知見をあたえてくれるという性格である。ぼくらが生活している21世紀の日本を理解するに際しては，有用な知見を提供してくれる史実もあるし，そうでない史実もある。あるいはまた，21世紀の日本を生きるぼくらにとっては役立たないようにみえる史実であっても，別の国や地域を，あるいは別の時代を生きる人びとにとっては有用かもしれない。その意味で，たしかに教訓性は個々の史実と個々の現在をつないでいるといえるだろう。

24〔授業の目的は〕人間の生きかたについてヒントを得ることです。教訓としての歴史といってもよいかもしれません。人生について学ぶには，歴史と哲学がもっとも有益だと思います。それゆえ，諸子百家など，哲学や思想の歴史を重視しています……。歴史は社会科学です。それは，人間の生きかたを考え，そこで得た判断を実践にうつす力をやしなうことができるからです。歴史は実践的な学問であり，生徒の生きかたにつながることができるし，またつながらなければなりません。ですから，個々の人物をとりあげるときも，単なる人物評伝になってはなりません。懐古趣味におちいることを避けるには，その人物を客観的にとりあげることが必要です。

27歴史は「現在地」を知るための手段だと思います。たとえばイラクの問題について理解するには「なぜおこったか，過去におなじような事件はなかったか」を考えることが有益です。あるいは，エイズのことを考えるには，中世におけるペストの流行と，それに対するキリスト教圏とイスラム教圏の対応のちがいや，さらにはその背後にある，他者に対する対応の差を知っておくと有益です。また，今日の温暖化問題を考えるに際しても，災害や病気の歴史を知っておくと便利です……。歴史は人文科学ですから，過去の人間を共感可能な対象としてとらえなければなりません。そのために，人間と現代に対する関心という観点から，それにかかわる内容を重視しています。具体的にはつぎの3点です。第1に，世界の一体化……。第2に，寛容の問題。文化の多様性を認められるようになるためには，宗教改革や宗教戦争の歴史を学ぶことが有益です。たとえば，寛容か否かという観点から，アッシリアとアケメネス朝や，アクバルとアウラングゼーブを比較します。第3に，戦争と平和の問題。その背景には，人はなぜ戦争をおこすのかという現代的な関心がありま

す。

[31]授業では……しばしばではありませんが，生徒に考えさせる時間をとることもあります。たとえば，宋代の三大発明のところで「なぜ中国では木版印刷が発達したのに対して，ヨーロッパでは活版印刷が発達したのか」というテーマについて，意見を聞いたり，数分話しあわせて発表させたりしています。世界史ではどうしても暗記が中心になってしまいますが，ときには歴史の教訓について考えさせ，歴史を学ぶことはみずからの生きかたにつながっていることをわかってもらいたいからです。生徒同士で話しあわせるという形態をとる場合，その目的は，情報を交換することによって正解に近づく機会をあたえることと，雰囲気をなごませることにあります……。〔授業の目的は〕歴史は教訓をあたえてくれますから，歴史から学ぶことを知ることです。たとえば，戦前日本の対外侵略を知るのは，同じあやまちをしてはならないことを学ぶためだと思います。

起源としての過去，教訓としての過去

　それでは「起源としての過去」と「教訓としての過去」は，歴史の授業において，同時に，そして整合的に追求しうるか。この問題については，2つの相対立する立場がみてとれる。

　まず，同時かつ整合的な追求は可能であるという立場がある。この立場においては「起源としての過去」を求めるという営為と「教訓としての過去」を求めるという営為が同時に試みられる。両者のあいだに齟齬が生じうる可能性は，とくに考えられてはいない。たしかに，現在目の当たりにしているあれやこれやの現象の起源たる史実を歴史に求めることと，これまた現在目の当たりにしているあれやこれやの現象を理解し，あるいは改善するために必要な知見たる教訓となるような史実を歴史に求めることが，たがいに矛盾しているか，といわれれば，あまりそうは思えない。

[3]〔授業の目的は〕いまの時代や世界を知り，よりよい未来を築くために過去を知ることです。いまの時代のなりたちを知るために歴史を学ぶのですから，現代とむすびつけて説明することが重要です……。大切なのは，広い視野でものを見，とくに戦争と平和の問題などについて，いまの社会に対する批判力をやしなうことです。そのためには，史実の原因を探

り，つまり歴史に因果関係を見出し，そこから教訓を導きだす力が必要です。このような課題に資することを考えて，毎回5分ほど，輪番で，新聞を読み，まとめ，発表するという時事報告をさせています。日本人がものごとを批判的にとらえられず時代に流されているのは，歴史教育のせいだと思います。刺激をあたえ，多面的に考えたり批判したりする力をやしなうのは，歴史教育のしごとです。

14 歴史を知らないと現在はわからないと思います。たとえば，パレスティナの歴史がわからなければ，いまのパレスティナの問題はわかりません。なぜ歴史を学ぶかについては，最初の授業の際に時間をとって話しています。こういったことを教えるのが，予備校とはちがう高等学校の世界史の授業なのだと思います。ちなみに，これを話さない年もあったのですが，話したときのほうが生徒たちの反応はよかったように思います。また，たとえば，ディアスポラの話をしたら，生徒からイスラエル問題の出発点がわかったという反応がきたこともあります……。歴史を学ぶことによって，自分たちが生活するうえで必要な知識を得ることができます。つまり，歴史からは生活の知識となる教訓を得ることができます。そして，歴史を学ぶことによって教訓を学ぶ力を身につけることができます。たとえば，クローヴィスの改宗からは「力で支配することはできない」という教訓が，ヘブライ人の歴史からは「宗教はアイデンティティ形成に大きな役割をはたす」という教訓が，おのおの得られます。

20 現代史の記述を重視するべきだと思います。ここでいう現代史とは20世紀史のことですが，とくに第二次世界大戦にいたる道は重要だと思います。現代史を重視するべきなのは，第一に，現代史はいまにつながっているし，またいまの問題と共通するところが多いからです。太平洋戦争で日本が敗北した原因などを追究してゆけば，日本社会がかかえる体質を実感できることもあるでしょう……。〔授業の目的は〕なぜこうなったのかを客観的に分析し，原因を追究する力を身につけることです。そうすれば，今後おなじようなことがおこった場合，解決策がみつかるかもしれません。

21 〔授業の目的は〕第1に，おのれを知るということです。人間性はかわりませんから，歴史上の人物がおこなったことは，わたしたちのやることとかわりません。ですから，歴史はみずからのありさまをうつす鏡だと

思います。たとえば，19世紀にドイツが関税同盟などの保護貿易政策をとり，イギリスが自由貿易政策をとったという，両国のちがいを考えると，経済力がある国は自由貿易を求めるということがわかります。これは，今日の日米関係にもあてはまります。あるいはまた第二次世界大戦前のミュンヘン会談をみると，独裁国家に対して融和的なスタンスをとればよいというものではないということがわかります。これは，今日の日朝関係を考える際に参考になると思います。第2に，現代を知るということです。歴史は現在につらなっていますから，歴史を知ることで現在がみえてきます。つまり，歴史はいまのことを知る手がかりになります。たとえば，尖閣諸島や靖国など今日の日中間の懸案になっている問題は，近代の日中関係史をぬきにしては語れません。なお，授業では現代の問題について話す機会がけっこう多いので，まるで現代社会の授業みたいだといわれたことがあります。ただし，卒業してから「先生のいいたいことがわかった」といわれましたが。

ところが，両者を同時かつ整合的に追求することはむずかしいと示唆している事例が，ひとつだけではあるが存在する。そこで示唆されているのは，歴史を教訓として語ると「今日のできごとには歴史的な背景があるということ」つまり歴史における因果関係がみえなくなる危険があるということである。その場合，歴史の授業は単なる評論とさしてかわらないものになってしまうだろう。「起源としての歴史」と「教訓としての歴史」，両者は相対立する可能性があり，その場合に優先されなければならないのは前者である，というわけである。これは，安易に歴史に教訓を求めることに対する戒めとして読まれなければならない。

47〔授業の目的は〕今日のできごとには歴史的な背景があるということを伝えることです。歴史は単なる教訓ではありません。また，この観点がなければ，今日のできごとについて語ることは単なる評論になってしまいます。

まとめると，日常生活の役に立たせるべく史実をつなぐ方策としては「起源としての過去」を求めることと「教訓としての過去」を求めることが提示されている。ただし，このうち後者については，その有効性について多少疑問が呈されている。これに対して「起源としての過去」を求めるという営為に対しては，インタビュー調査記録では疑問は呈されていない。

ただし，歴史学や，それに隣接する歴史哲学などの学問領域をかいまみると，「起源としての過去」を求めるという営為の可能性については，じつは激しい論争が続いてきたことがわかる。次節では「起源としての過去」を求めるという営為に即して，史実はいかにつなぎうるか，つまり歴史はいかにたどりうるかという問題を再度検討する。

2　因果関係の語りかた

議論の背景

「起源としての過去」を求めるという場合，まず着目するべきは，史実と史実のあいだの時系列的な，とくに因果関係にもとづくつながりである。そして，歴史学あるいは隣接する諸学問領域の歴史をかえりみると，19世紀半ばから20世紀半ばにかけて歴史における因果関係という問題がくりかえし大きな論点となり，論争を惹起してきたことがわかる。

そこで問題になったのは，単に，歴史における因果関係をいかにとらえればよいかということだけではなかった。そもそも因果関係はとらえうるか。もしもとらえうるとして，とらえるにはどうすればよいか。もしもとらえられないとして，因果関係をとらえられないような歴史学は科学といいうるか。こういった，いわば歴史学の存在意義そのものにかかわる論点が，そこでは提示された。1世紀以上にわたるこの議論のなかで，歴史における因果関係についてさまざまな立場が提示されることになる。

議論は，19世紀半ばにドイツ諸邦で始まり，世紀後半から20世紀はじめにかけて論争をひきおこした。20世紀半ばからは，おもな舞台を英米の哲学界にうつしながら議論が続くことになる[1]。

歴史における因果関係をめぐる議論が19世紀半ばに始まったことの背景には，当時の歴史学はいくつかの問題をつきつけられていたという事情があった。ここでは，そのうちの3つにふれておこう。

第1に，ドイツ諸邦をはじめとするヨーロッパ諸国では，都市部の労働者をはじめとする民衆の貧困が「社会問題」として関心をあつめ，その解決策として「社会主義」が提唱されはじめていた[奥田 131頁]。かくして，複数の人間からなる「社会」なるものが発見されたわけである。それでは複数の人間を分析するにはどうすればよいか。歴史学についていえば，英雄など一人

や二人の人間がつくりあげる歴史ではなく，複数の人間がおりなす歴史を語る際は，どんなアプローチを利用でき，また利用するべきか。

　第２に，ヨーロッパ諸国の19世紀は物理学をはじめとする自然科学が急速に発展する時代でもあった。それでは，人文社会科学とりわけ歴史学は自然科学とどのような関係にあるか。とくに，後者のアプローチを利用できるか。利用できないとしたら，アプローチにちがいはあるか。ちがいがあるとしたら，それはなにか[丸山 第１章を参照]。

　第３に，もうひとつ，当時の歴史学の状況も忘れてはならない。ヨーロッパ諸国の歴史学にとって，19世紀は科学化の時代だった。それまで歴史学の課題は，「神の啓示」とか「世界精神の自己実現」とかいった，証明できないプロセスをえがきだすことにおかれていた[岡崎勝世ａおよび岡崎勝世ｂを参照]。しかし，こういった課題を設定する学問領域はとても科学ではありえない。かくして，19世紀にはいり，レオポルド・ランケが歴史学者のしごとは「史実は実際にはいかにあったか」を明らかにすることであると主張し，歴史学を一個の科学にするという作業にのりだした[シュネーデルバッハ 第１章および第２章を参照]。ただし，歴史を語るに際しては，複数の史実をつなぎあわせることが必要になる。複数の史実をつなぎあわせてできあがるストーリーを「歴史像」とよぶとすれば，歴史像を構築する手続きとしてはどのようなものが適切か。

　これら３つの問題からわかるとおり，歴史学や周辺学問領域にとって，採用するべきアプローチを確定することは緊要な課題だった。この課題がとりくまれるなかで浮上したのが，歴史における因果関係をいかにとらえ，いかに評価するべきか，という問題だった。

自然主義的アプローチと「説明」

　複数の人間がおりなす歴史を語るという課題に直面したとき，ぼくらはどうすればよいか。問題は，この場合，個々の人間の行動を個別に語り，すべてを語りつくすことは，厖大な作業を要する，というよりも厖大すぎて事実上実施不可能にみえる，という点にある。

　この点を考えるうえで示唆的なのは，「文化史学」の提唱者としても知られるカール・ランプレヒトである。彼は，歴史を動かすのは人間だが，人間の行動を左右するのは意志をはじめとする心理であると考え，人間の心理に

関する法則を探求する社会心理学を土台として歴史学を構築するべきことを説いた。そして，心理のメカニズムは個人と個人のあいだでよく似ており，したがって複数の人間の心理を大量現象としてとりあつかうことは可能であるという判断から，歴史を研究することによって「人間共同体の内部における社会心理的発展の均一的で法則的な発展」[ランプレヒト 128頁]を導出することは可能であり，また，この法則にもとづいて歴史像を構築することこそ歴史学者がとるべきアプローチであると主張した。

　複数の史実に普遍的にあてはまる法則を歴史のなかから析出するべきことを説くランプレヒトの所説は，19世紀末，のちに「ランプレヒト論争」とよばれることになる論争を惹起した。論争に際してランプレヒトを支持したアンリ・ピレンヌは，彼の提言のなかに，歴史学の科学化に対する欲求をみてとった[ピレンヌ 56-57頁]。しかし大多数の歴史学者は，ランプレヒトが提唱するアプローチは「単なる補助学，問題提起，カテゴリー，図解，手段としてみなされ分類されるべき」[トレルチ 106頁]であると主張し，彼を批判する側にまわった。かくしてランプレヒト論争は，ランプレヒトが圧倒的に守勢にまわったまま，終わりをむかえる[2]。

　ただし，このことは，ランプレヒトと同様な立場が消滅したことを意味するわけではない。それどころか，20世紀半ばになると，ランプレヒトの系譜をひくアプローチは一層の洗練をとげることになる。そのきっかけとなったのは，第二次世界大戦のさなかにカール・ヘンペルが発表した一本の論文だった。

　ヘンペルは「適切な実証的発見によって検証あるいは反証可能な，普遍的で条件付の言明」を「一般法則」とよび，「一般法則」をもちいる点では自然科学も歴史学もかわるところはないと考えた。つまり，歴史学者のしごとは，自然科学者とおなじく，一般法則を利用して，結果となる史実から原因となる史実をみつけだすことにある。彼はこの手続きを「説明」[ヘンペル a 35-36頁]とよび，これをもちいれば未来を予測することさえ可能になるだろうと主張した[3]。

　彼がいう説明の手続きを具体的にみてみよう。自然科学の例として物理学をみると，この手続きは，たとえば，2つの物体のあいだにはたらく引力は両者のあいだの距離の2乗に反比例する(法則)，それゆえ，引力が4分の1になった(結果)としたら，それは距離が2倍になった(原因)からである，と

いうかたちですすめられる。

　これを歴史学に即して考えると，たとえば，19世紀前半のフランスでは民衆はだれでも不作になると食料騒擾に訴えた(法則)，それゆえ，1847年に各地で食料騒擾が頻発した(結果)としたら，それは不作だった(原因)からである，という感じになる。

　この立場にたつと，複数の人間がおりなす歴史を語るにあたっては，人びとに共通する思考や行動のパターンを法則として析出し，それにもとづいて，おもに史実と史実のあいだの因果関係に着目しながら歴史像を構築する，という手続きが利用できることになる。因果関係にかかわり，複数の事象とりわけ複数の人間に普遍的にあてはまる法則を因果法則とよぶとすると，これはつまり因果法則を析出して適用するというアプローチである。このアプローチは，じつは自然科学が採用しているのと同じものである。歴史学の課題は因果法則の探求および適用にあるのだから，歴史学は自然科学のアプローチを援用できるし，援用するべきである。そしてまた，これによって歴史学は，まさに自然科学とおなじくひとつの科学となるだろう……。ランプレヒトやヘンペルに代表されるこのような考えかたは，通常「自然主義」とよばれている。

　自然主義を採用すると，複数の人間がおりなす大量現象のとりあつかい，自然科学との関係の確定，そして歴史像の構築の手続きという，19世紀の歴史学が直面していた諸問題はすべてきれいに解決できることになる。それゆえ，自然主義的アプローチはなかなか説得的にみえる。

歴史主義的アプローチと「理解」

　それでは，自然主義を批判した歴史学者たちはいかなる根拠にもとづいて説明という手続きを批判し，どのようなアプローチを唱道したか。自然主義的アプローチたる説明を歴史学に適用することを批判する場合，それは，歴史学には独自なアプローチが存在すると考える立場にたつことを意味する。こういった立場は，通常「歴史主義」とよばれている。

　ヨーロッパにおける歴史主義の起源は近世にさかのぼるといわれているが，19世紀ドイツ諸邦でいちはやく歴史主義的アプローチを明示したのはヨハン・ドロイゼンである[4]。彼もまた，ランプレヒトとおなじく，歴史を動かすのは人間であり，人間の行動を左右するのは自由な意志であると考える。た

だし，彼にとって，自由な意志は法則化できないものだった。歴史の主体は，この自由な意志をそなえ，他の人間とはちがう，個々の人間である。歴史学の対象たる史実は，個性をそなえた人間の自由な意志からうまれる以上，そのおのおのについて唯一独自な性格をそなえている。それゆえ，史実もまた法則化にはなじまない。こういった史実からなる歴史にアプローチするときには，自然主義は有効ではない。

　かくして，彼は説明とは異なるアプローチとして「理解」を提示し，歴史学者は理解をめざさなければならないと説く。歴史学の課題は，理解というアプローチにもとづき，史実のおのおのを，その独自性のままにえがきだすことにおかれる。

　それでは，ドロイゼンいうところの理解とはどのような手続きをさしていたか。それは，歴史を「作り出した意志作用を求める」べく「精神において親しく体験しまた後から体験する」［ドロイゼン 67, 102頁］こと，ひとことでいえば想像上で追体験するというものだった［岸田 26-30頁も参照］。かくして因果法則に頼らずに史実を叙述するというアプローチが，自然主義的アプローチに対置されるべきものとして，ここに体系的に提示された[5]。

　この歴史主義的アプローチを採用した歴史学者や歴史哲学者としては，ドロイゼンのほかに，たとえばヤコブ・ブルクハルトやロビン・コリングウッドがあげられる。

　ブルクハルトは，時系列的な分析は歴史学者のしごとではないと主張し，同時代的な史実同士の横のつながりを明らかにするべきことを説いた［ブルクハルト 4-6, 87-88頁］。史実と史実の因果関係は時系列的な性格をもたざるをえないことからわかるとおり，彼の提言は自然主義に対する批判を意味している［仲手川および仲内を参照］[6]。

　また，コリングウッドはドロイゼンの所説を継受し，史実が生じた原因はその史実をもたらした行為をおこなった人間の思考に求められるとして，歴史学者のしごとは人間の思考を知るべく「思考によってその行為内に自己を投入し，行為者の思考を見分ける」［コリングウッド 229頁］ことにあると主張した［ドレイ 17-18頁を参照］。

　さらにいえば，興味深いことに，アナール派の創始者の一人として名高いリュシアン・フェーヴルも，因果関係の分析を重視しないという歴史主義のスタンスを部分的に共有している。すなわち，彼が敬愛してやまなかったの

は「これはそれから生まれ，これはそれを生むといった系譜学を打ちたてず，むしろ精妙にして賢明な「共通の雰囲気」という概念を持って」[フェーヴル52頁]いたジュール・ミシュレだった。

　歴史主義によれば，歴史の主体は意志と個性をそなえた個々の人間である。そのような人間を分析の対象とする歴史学には，自然科学とは異なるアプローチが必要である。歴史学独自のアプローチたる理解にあっては，史実は想像上の追体験という手続きによって叙述されるのであり，また史実の叙述こそが歴史学の任務である。したがって，史実と史実をつなぎあわせて歴史像を構成することは，かならずしも不可欠の作業ではない。もしも歴史像を構築しなければならないとしても，その際に利用されるべき手続きはやはり想像上の追体験だろう……。このようにまとめられる歴史主義的アプローチもまた，19世紀の歴史学が直面していた諸問題に対するひとつの整合的な回答だった。

　もっとも，理解というアプローチに対してはさまざまな疑問がのこることもまた事実である。そもそも追体験というのはきわめて主観的な手続きだが，そのような手続きによって「史実は実際にはいかにあったか」は判明しうるか。理解にもとづいて史実を叙述するというのは，はたして科学的な営為といえるか[7]。

　19世紀半ばから20世紀半ばにかけて，歴史学のアプローチをめぐる議論は歴史主義と自然主義の対立を基本的な枠組みとして展開してゆく。そして，この対立においては，歴史における因果関係を法則としてとらえることの必要性や可能性といった問題が基本的な争点のひとつになるだろう。

もうひとつのアプローチ

　かくして，自然主義と歴史主義という相対立するアプローチが歴史学界で並びたった[ストーンを参照]。しかしながら，歴史学が採用するべきアプローチとしては，双方ともに問題をかかえていた[フェイ＆ムーン216頁を参照]。それゆえ，両者以外のアプローチを考案したり，両者を止揚（あるいは超克，統合，折衷，接合）したりする試みが生じることになる[8]。

　そもそも，2つのアプローチが相対立しているからといって，歴史学者たちが全体としてどちらかを選ばなければならないという理由はないだろう。研究対象によって，あるいは研究主体たる歴史学者一人ひとりの興味関心の

ありようによって，2つのアプローチを使いわければよいのではないか。そう考えた人物としてまず指を屈するべきはヴィルヘルム・ヴィンデルバントである。

彼によれば，科学には「法則定立」的なものと「個性記述」的なものがある。このうち法則定立科学は，事象を確定し，収集し，分析することによって，複数の事象とりわけ複数の人間にあてはまる普遍的な法則を確立する，というアプローチをもちいる。これに対して個性記述科学のアプローチは，分析の対象となる事象のおのおのについて，その独特なありようを記述する，というものである。このようなヴィンデルバントの分類は，すぐにわかるとおり，ドロイゼンの「説明」と「理解」の区別に対応している。

ただし，ヴィンデルバントにとって，科学は分析対象ではなくアプローチにもとづいて分類されるべきであり，したがって「同一の対象が法則定立的研究の対象であり乍ら，然もまた同時に個性記述的研究の対象ともなり得ることは依然として可能である」［ヴィンデルバント 19頁］。歴史学についていえば，歴史学の分析対象たる史実はどちらかといえば個性記述的なアプローチに親和的といえるだろうが，しかし法則定立的にも個性記述的にも分析できるはずである9。

2つのアプローチの並存を説くヴィンデルバントの所説は説得的なものにみえるが，ただし両者の理論的な関係を十分に明らかにしているとはいいがたい。両者は理論的にはどんな布置連関をなしているのか。

この問題にとりくみ，そのなかで新しいアプローチにもとづく歴史学を構築しようとした人物としては，たとえばヴィルヘルム・ディルタイがあげられる。

彼によれば，歴史学には，個々の史実の個性を確定することと，複数の史実のあいだの共通性を析出することという，一見相矛盾する2つの課題がある。それでは，両者を同時かつ論理整合的に追求するにはどうすればよいか。そのカギは，人間の意志という自由で個性的で，それゆえ法則をもちいた定型的な情報処理にそぐわないようにみえる対象を，しかして客観的に定型的に，つまり科学的に処理する分析手続きを発見できるか否かにある。ディルタイの思索はひとえにこの課題にむけられた。

そして彼は「われわれは，社会のなかの諸事実を内面から理解する。われわれは，自分自身の状態の知覚をもとにして，これらをある程度まで内面的

に模写することができる」[ディルタイa 上巻57頁]という心理学的な手続きを経由したうえで、最終的に「人間の状態が体験される限り、それが生の現われとなって表現される限り、さらにこれらの表現が理解される限り、人間は精神諸科学の対象として成立する」[ディルタイb 22頁]という手続きにたどりつく[廳 160頁を参照]。

　彼によれば、ぼくらは、他者の(意志を含む)体験が表現されたものを、みずからの(意志を含む)体験にもとづいて理解する。たしかにみずからの体験も他者の体験も、意志を含んでいる以上、あくまでも主観的なものにすぎない。しかし、理解という手続きを経由することによって、それらは客観的なものとして把握されうるようになる。かくして彼は、体験に含まれる人間の自由な意志をとりあつかうことができ、しかして複数の事象とりわけ複数の人間に対して適用できるという意味で客観的かつ科学的とみなせる手続きとして「体験、表現、理解」を提示する。

　このようなディルタイの所説は、自然主義と歴史主義を止揚しようとする、きわめてオリジナルな試みの産物である。ただし、複雑かつ曖昧な表現がもちいられていることもあり、そこに具体的な手続きをみてとることはむずかしい[向井 39頁を参照]10。それでは、歴史学者も利用できるような具体的なアプローチをあたらしく構築することは可能か11。

「個々の史実を、因果関係に着目して分析する」という手続き

　歴史学における自然主義的アプローチは、複数の人間がいとなむ複数の史実のあいだの複数の因果関係を説明できる因果法則を重視し、それを導出して応用することをめざす。他方で歴史主義的アプローチは、個々の史実を独自なままに叙述することこそが歴史学の課題であり、歴史において因果法則は導出できないと主張する。両者は一見真正面から相対立している。それを止揚しようとすれば、ヴィンデルバントのように並存しうると主張するか、ディルタイのように複雑怪奇な手続きを考案するほかないように思える。

　ただし、よくみると、自然主義と歴史主義の対立は「複数の史実を(法則をもちいて)同時にとりあつかうか、個々の史実をとりあつかうか」と「因果関係を論じるか、論じないか」という2つの対立軸にそって分解しうる。自然主義的アプローチは、複数の史実を同時に、そして因果関係に着目して分析する。これに対して歴史主義的アプローチは、単一の事例を、因果関係

に着目せずに分析する。

　そう考えると，自然主義と歴史主義のほかに，さらに2つのアプローチが想定できる。つまり「複数の史実を同時に，因果関係に着目せずに分析する」ものと「個々の史実を，因果関係に着目して分析する」ものである。

　前者については，その例としてはイマニュエル・ウォラーステインの提唱になる世界システム論が思いうかぶ。ただし，これまで歴史学界において着目されてきたのは，どちらかといえば後者のほうである。そこには史実と史実をつなぎあわせて歴史像を構築する可能性がみてとれるからである。本書でも，後者について簡単に検討してみよう。

　このアプローチに着目し，歴史学をはじめとする人文社会科学で利用されるべき具体的な手続きとして陶冶しようと試みた人物としては，たとえばマックス・ヴェーバーがあげられる。

　彼によれば，歴史学の対象たる史実は，そもそもあまりにも多種多様であり，またみだされるにあたって人間の自由な意志が関与することもあって，法則をもちいて分析することは不可能である。ただし，それでは個々の史実を想像上の追体験によって叙述すればよいか，といえば，それではとても科学的で客観的な分析とはいえない。それゆえ，史実をとりあつかう科学が存在するとすれば，それは「個性的な事実の因果的説明」［ヴェーバーc 86頁］を課題とするものでなければならない。

　因果法則をもちいずに因果関係を論じる際に依拠しうる手続きを探求するなかで，ヴェーバーは，「文化意義」，「価値理念」，「因果帰属」，「理念型」，あるいは「可能性判断」といったキーワードをもちいて，独自なアプローチを構想してゆく。

　史実は無限に存在する。史実と史実のあいだの因果関係も無限に存在する。法則をもちいずにこれらすべてを個々にとらえることは事実上不可能である。そうだとすれば，無限にある史実のなかから分析に値するものを選びださなければならない。ヴェーバーは「文化意義」がある史実だけを選びだし，それらについて因果関係を探索し，歴史像を構築するべきことを主張した。この「文化意義」は，ぼくらをとりまく文化を統べる「価値理念」に即して重要と判断される史実に付与される。それではこの判断をくだす主体はだれか，といえば，それは個々の歴史学者である。

　このようにして選択された具体的な史実について，今度は，それが生じた

原因である具体的な史実が探求される。ヴェーバーはこの作業を「因果帰属」とよび，因果帰属をすすめるにあたっては，あるべき因果関係について論理的に考え，仮説たる「理念型」を構築し，それと実際の歴史を比較し，原因と想定される史実が存在しなかったとしたら結果たる史実は存在したか否かという思考実験をおこなうことによって「客観的可能性」を測定する，という手続きを採用することを提唱した。こうして，因果法則を無理に利用することなく，しかして客観性や科学性に問題がのこる「理解」というアプローチに頼ることなく，個々の史実を因果関係に着目して分析することは可能であり，またそれこそが歴史学の課題である，という立場が登場する〔ヴェーバーa 182-190，196頁，ヴェーバーb 20頁，ヴェーバーc 73-90頁〕。

1847年のフランスにおける民衆の例に即していうと，民衆による騒擾は重要性（文化意義）をもっているから，その原因を考えてみよう（因果帰属），騒擾に訴えるのは空腹だからだろうし，空腹なのは不作だからだろう，そうすると「1847年は不作だった，それゆえ各地で食料騒擾が頻発した」という仮説（理念型）が構築できる，つぎに1847年が不作でなかったと仮定すると，空腹にはならなかっただろうから騒擾は生じなかっただろう，そうすると先の仮説は正しいと判断できる（客観的可能性をもつ），という感じになる。

ヴェーバーが提唱したアプローチは，20世紀にはいり，ウィリアム・ドレイの手によってさらなる洗練をとげることになった。

ドレイによれば，因果関係の探求には「一般的な因果結合，つまり因果法則の確立を目指すもの」と「具体的な歴史的状況において，あるできごとが生じた原因を発見しようとするもの」〔ドレイ 104-105頁〕という2つの種類があり，両者ははっきりと区別されなければならない。ここでドレイが言及した2種類の探求のうち，前者は自然主義的なアプローチに，後者はヴェーバーのアプローチに，おのおの対応する。

さらにまた，科学においてとかれるべき問題設定には「なぜか」というものと「いかにして」というものがある。このうち前者をとくに際しては，たいていは因果法則の利用が適切であり，あるいは必要である。これに対して後者をとく際は，因果法則に依拠する必要はかならずしもない。そして，歴史学でよくもちいられるのは後者のほうである〔ドレイ 第6章〕。

このような理由にもとづいて，ドレイは自然主義的なアプローチを歴史学に適用するべきことを説くヘンペルを批判し，ヴェーバーが提示したアプロ

ーチを(ただしヴェーバーの名前をあげることなく)推奨する12。

　ヴェーバーたちのアプローチは，一方で，歴史において人間の自由な意志がはたす役割を重視し，法則をもちいない。他方で，歴史学とて客観的な科学でなければならないと考え，あくまでも因果関係を探求することを課題とする。このような特徴をもつアプローチは，まことに自然主義と歴史主義を止揚した存在とよぶにふさわしいようにみえる13。

ツールとしての理論

　ただし，ヴェーバーが提唱したアプローチに対して，これまで批判や疑問が呈されなかったわけではない。ここではそのうち2つを検討しておこう。

　このアプローチの中核をなすのは「客観的可能性」を測定する「可能性判断」である。しかし，この「客観的可能性」について百パーセントという精度をそなえた断言をすることは実際に可能か。もしも可能でない場合，それでもなおこの「個々の史実を，因果関係に着目して分析する」というアプローチは妥当といえるか。これが第1の疑問である。

　この点については，じつはすでにヴェーバーが一応の回答をおこなっている。彼によれば，「因果帰属」を利用して「客観的可能性」を測定する思想実験をおこなうにあたり，基準として依拠されるべきは「多くの人間が熟知している特定の経験諸規則についての，とくに，人間があたえられた諸状況に対していかに反応するのを常とするか，そのありかたについての知識」である。彼はこの知識を「法則論的知識」[ヴェーバーa 192, 190頁]とよぶが，それはいかなる場合にもあてはまる法則よりは，むしろ人間の意識や行動に関する常識(コモン・センス)に近いといえるだろう。

　それでは「法則論的知識」を利用する第3のアプローチは，因果法則を析出して適用する自然主義的アプローチとなにがちがうか。百パーセントの精度をもっていない点でちがうというかもしれないが，それにしても「法則論的」であることにかわりはないのではないか。

　じつは「法則論的知識」は，とりあえず分析されるべき史実にあてはまりさえすれば十分であり，それ以上のカバー範囲を要求されない。百パーセントの精度をそなえていないということは，カバー範囲が狭いということである。「法則論的知識」はあくまでも具体的な分析課題にとりくむためにもちいられる一種のツールであり，そうである以上，カバー範囲が狭くてもよい

のである。

　しかし，そう考えると，今度は逆の側からみて疑問が生じる。ヴェーバーによれば「因果帰属」をもちいて「客観的可能性」を測定する思考実験は一種の常識を判断基準としてなされる。それにしても常識にもとづいて客観的で科学的な分析をおこなうことは可能か，という疑問である。

　この点で示唆的なのはシーダ・スコチポルの所説である［スコチポルを参照］。歴史社会学とよばれる学問領域で採用されるべきアプローチを論じるなかで，彼女は，理論と史実の関係という観点から３つのアプローチを区別する。第１は，ひとつの理論を与件とし，それを複数の史実にあてはめるという「一般理論適用型」である。このアプローチには，理論を精緻化できるというメリットと，理論にあてはまらない史実を無視する傾向があるというデメリットがある。第２は，ひとつの史実を適切に叙述することをめざし，複数の理論をもちいるという「解釈学型」である。このアプローチには，史実の叙述を深化させうるというメリットと，「一般理論適用型」アプローチと逆に，役に立たない理論を気軽に放棄する傾向があるというデメリットがある。すぐにわかるとおり，このうち前者は歴史学における自然主義的アプローチに，後者は歴史主義的アプローチに，おのおの対応している[14]。

　スコチポルは，両者ともに一長一短があると考え，第３のアプローチたる「分析型」を採用することを提唱する。これは，理論を一種の仮説と考えたうえで，理論と史実をつきあわせ，史実との適合度にもとづいて理論を修正し，修正された理論をもちいて史実を再度分析し，再度理論を修正し……といったかたちで往復運動をすすめるという，いわば仮説検証型のものである。理論は史実を分析する際に役立つ仮説にすぎないが，しかしながら役立つがゆえに肯定的に評価されるべき存在とみなされる。

　ヴェーバーが提示した「法則論的知識」は，たしかに百パーセントの精度を誇るものではない。ただし，スコチポルいうところの「分析型」アプローチを採用し，「法則論的知識」を一種の作業仮説とみなせば，それが百パーセントの精度をもたないことはたいした問題でなくなる。「法則論的知識」を史実にあてはめ，必要であれば修正する，という作業をすすめるなかで，「法則論的知識」の精度はあがってゆくだろう。もしもそうだとすれば，「法則論的知識」にもとづいて「個々の史実を，因果関係に着目して分析する」というアプローチは客観的で科学的とみなしうるし，したがって妥当なもの

と評価できるはずである。

　理論なり法則なりを絶対視するのもおかしな話であるが，さりとてそれらを放棄するのもおかしな話であるというべきだろう。

決断主義からコミュニケーション論へ
　エルヌスト・トレルチによれば，「価値理念」に即して「文化意義」をもつ史実を選びだす際に依拠するべきは，ヴェーバーにあっては最終的には歴史学者の決断である。しかしヴェーバーがいう「価値は，唯一にして証明不可能な価値であり，ただ決断と意志によってはじめて創出され得る」［トレルチ242頁］たぐいのものにすぎない。そのようなものにもとづいてなされる決断は客観的に妥当なものか。もしもそうだとして，妥当なものであるという保証はどこにあるか。これが第2の疑問である。

　かつて歴史主義的アプローチに対しては，その客観性や科学性について疑問が呈された。これに対して「個々の史実を，因果関係に着目して分析する」というアプローチは，歴史主義とはちがって科学的な性格をそなえた存在を自任した。しかし，ヴェーバーが提示した手続きをみると，そこには依然として歴史学者の主観的な営為たる決断が介在しているではないか，というわけである。かくしてヴェーバーたちに対しては，歴史主義に対してと（次元は異なるが）おなじく，そこから得られる知見の客観的な科学性について疑問が呈されることになった。

　それでは「個々の史実を，因果関係に着目して分析する」というアプローチの基本的な枠組みは変更せず，しかして歴史学者の決断という主観的な営為を排除しうるような手続きは存在するか。存在するとすれば，それはいかなるものか。

　この点で示唆的なのが，ヴェーバーの同時代人にして友人であり，またヴィンデルバントの後継者としても知られるハインリヒ・リッカート（リッケルト）の所説である[15]。

　リッカートによれば，史実はおのおのすべて独自で個性的なものである。それゆえ，諸事象の共通点に着目して法則を導出し，あるいは法則を利用して個々の事象を説明しようとする自然主義的アプローチは，歴史学には適用できない。その一方で歴史をありのままに，しかして科学的にとらえることは不可能である。それゆえ歴史主義的アプローチもまた妥当なものではない。

かくしてリッカートは「歴史は，それが一回的なもの・特殊的なもの及び個性的なものを叙述せねばならぬとすれば，いかにして科学として可能であるか」[リッカートb 135頁]という課題にとりくむ。

歴史学が採用するべきアプローチを，リッカートは「歴史的＝個性化的手続き」とよぶ。これは，重要とみなされている価値との関連の存否をたしかめる「価値関係」という手続きをもちいて，あまたある史実のなかから意味のあるものを選びだし，選びだした史実同士を因果関係にもとづいてくみあわせ，歴史像を構築して叙述するというものである。これによって，因果法則に頼ることなく，しかしながら史実と史実の因果関係を探求するという科学的な営為をおこなうことが可能になる[リッカートa 238-239, 250頁，リッカートc 64-73頁を参照]。

リッカートが提示する「歴史的＝個性化的手続き」は，ヴェーバーが提示したアプローチとじつによく似ている16。ただし，両者のあいだにちがいがないわけではない。ポイントは，意味のある史実を選びだす際の基準にある。ヴェーバーは，「価値理念」に即して「文化意義」の存否を確定するにあたり，最終的には判断主体たる歴史学者が責任をもって決定すると主張した。これに対してリッカートは，史実を選びだす際の選択基準となる価値を「文化価値」[リッカートb 141頁]あるいは「普遍的価値」[リッカートc 89頁]とよんだうえで，その具体的な例として国家，芸術，宗教などを列挙する。つまり史実の重要性を決定する基準は，前者にあっては歴史学者の主観にとどまり，後者にあっては客観的に存在するとみなされている。

それでは国家や芸術や宗教が重要な価値であるとする判断には，客観的な正当性はあるか[九鬼a 44頁を参照]。国家も芸術も宗教も，たしかに大切そうにはみえる。ただし，無国家主義者にとっての国家や無神論者にとっての宗教を考えてみればわかるとおり，事態はそれほど単純ではない17。この問題を，リッカートはどう考えたか。

彼は「諸文化価値は事実上一般に(換言すれば万人によって)価値ありと認められるか，或ひは文化共同体の全員に向つてその妥当性が少くとも要求されるか，そのどちらかである」[リッカートb 163頁]と主張する。「文化価値」の正当性は，それを論じ，あるいはそれに関連する人びとからなるコミュニティにおける合意に基礎づけられていなければならない[リッカートc 91頁を参照]。さらにいえば，合意が形成されるには，それをめざしてコミュニケー

ションがとりかわされる必要がある。「文化価値」にもとづいて選びだされる史実をもちいて歴史像を構築する場合，その科学的な正当性はコミュニケーションにもとづいている，というわけである。もちろん，コミュニケーションにもとづいているかぎり，この正当性はつねに暫定的で可変的なものにすぎないのではあるが。

　リッカートが提示するアプローチは，ヴェーバーとおなじく「個々の史実を，因果関係に着目して分析する」ものでありながら，その土台は決断主義ではなく，いわばコミュニケーション論におかれている。これによって「個々の史実を，因果関係に着目して分析する」というアプローチはトレルチの批判を免れうることになったといえるだろう[18]。

コミュニカティヴな科学としての歴史学
　コミュニケーションが必要なのは，単に「文化価値」の選択という場面にかぎられるわけではない。歴史を研究する歴史学者，歴史を教育する教員，歴史を学ぶ学生，さらには歴史に関心をもつ人びとなど，語り語られる歴史にかかわりをもつ人びとすべてをとりあえずヒストリアンとよび，理論を一種の仮説と考えるならば，歴史学が採用するべきはヒストリアンによる仮説検証型の手続きである。この仮説検証のプロセスは他のヒストリアンからの疑問と批判にひらかれているし，またひらかれていなければならない。さらにいえば，個々のヒストリアンが提示する歴史像や所説そのものもまた，理論と史実のあいだでなされる往復運動の所産である以上，一種の仮説的な性格をもっている。そして，その科学的な正当性はみずからの手になる，あるいは他のヒストリアンによる検証のなかで修正され，進化してゆくはずである。歴史学は，コミュニケーションという要素を含み，ヒストリアンからなるコミュニティに支えられた，その意味でコミュニカティヴ（あるいはコミュニケーショナル）な科学なのである[19]。

　歴史学をコミュニケーション論的に理解することに対しては，歴史学の科学性をめぐって批判がよせられるかもしれない。すべての現象に適用できる「一般法則」の析出と適用にもとづく「自然主義」的アプローチをもちいる自然科学では，真実は一とおりに決定されるはずのものであり，いちいちコミュニケーションなどに気をつかう必要はない。それにくらべて歴史学は，「個々の史実を，因果関係に着目して分析する」というアプローチを採用せ

ざるをえないがゆえに，所説の妥当性をはかる基準をコミュニケーションに求めざるをえない。しかし，ヒストリアンにもさまざまな人がいるからには，そのような人びとのあいだで生じたコンセンサスが科学的な正当性をもっていることなど期待できるのか。コミュニケーションにもとづく所説が科学的な正当性をもっていると断言できるのか，というわけである。

　ただし，科学哲学や科学史学といった学問領域をかいまみればわかるとおり，コミュニカティヴな性格をもっているのはひとり歴史学だけではない。さらにいえば，所説の正当性がコミュニティにおけるコミュニケーションの暫定的な産物であるコンセンサスにもとづいているという性質は，ひとり歴史学を含めた人文社会科学だけのものではない。トマス・クーンによれば，いかなる科学であっても，その根底には「世界を観る観方」や「科学のやり方」つまり「実際の科学の仕事の模範となっている例——法則，理論，応用，装置を含めた——があって，それが一連の科学研究の伝統をつくるモデルとなるようなもの」［クーン 5, 13頁］がある。クーンはこれを「パラダイム」とよび，パラダイムは科学者コミュニティにおけるコミュニケーションの産物たるコンセンサスにもとづいており，したがってその正当性を科学的に証明することはできないと喝破した。

　クーンの所説に対しては，コミュニケーションのありかたや科学者がとるべきスタンスをめぐり，カール・ポパーなどから批判がよせられてきた。しかし，たとえ自然科学であれコミュニカティヴな性格をもたざるをえないという彼の所説の根底的な部分は，今日ではひろく人口に膾炙している。したがって歴史学に即して考えるべきは，コミュニカティヴな科学たる歴史学における所説は科学的な正当性をそなえうるか否かという問題ではなく，ヒストリアンはいかなるスタンスをとり，またいかなるコミュニケーションを志向するべきかという問題でなければならない。

因果関係の語りかた

　ぼくらがたどりついたヴェーバー・ドレイ・スコチポル・リッカート型とでもよぶべきアプローチによれば，ある人間は，その生涯において，同じような環境におかれた場合，おなじように考え，おなじように行動すると仮定する。そして，その人間について，ある環境におかれたら，どう考え，どう行動するか，といった点について具体的な仮説をたて，それを一種の暫定的

な理論とみなす。それにもとづき，その人間がとったある行動の原因を探求する。これはつまり，その行動を含む史実の原因となる史実を探求するということである。そして，もしも探求がうまくゆかなければ，仮説を修正することを考える。さらに，自分の問題設定が意味あるものであるか否かを含め，探求のプロセスをつねに他者とのコミュニケーションにひらいておく。他者からの疑問や批判に応答し，必要であればみずからの探求のありかたを修正する。

　もちろん，このようなアプローチに問題がないわけではない。そもそも自然主義的アプローチを歴史に適用することが考えられたのは，複数の人間がおりなす大量の史実を処理しなければならないという課題を解決するためだった。ところが「個々の史実を，因果関係に着目して分析する」というアプローチをもちいて確定できる歴史像は個々の因果関係，個々の史実，あるいは個々の人間のみにかかわるものであり，カバー範囲がかなり狭い。これでは，とてもではないが大量情報処理にはむかないといわざるをえない。もしも「個々の史実を，因果関係に着目して分析する」というアプローチを利用しながらこの欠点を補うとすれば，とりあげるべき史実を十分かつコミュニカティヴに吟味したうえで，複数の分析によって複数の歴史像を構築し，これら分析や歴史像の複数性に拠りながらカバー範囲を拡大するしかないだろう。

　あるいはまた，歴史を語る際にはかならずこのアプローチを採用しなければならないか，といえば，そんなことはないだろう。たとえば，本節ではふれていないが，20世紀の歴史哲学に大きな影響をおよぼしてきた現象学や解釈学の領域で提示されている所説にもとづいてアプローチを考案することも有意義かもしれない。ちなみに本節でこれら所説にふれていないことの背景には，ぼくの能力不足という消極的な理由と，科学としての歴史学のツールとしてはヴェーバー・ドレイ・スコチポル・リッカート型のアプローチで十分だと判断したという積極的な理由がある。

　さらにまた，科学的に史実を分析する際にもちいるべきアプローチを考える際は，自然科学の現状を考慮にいれるべきかもしれない。たとえば相対性理論や量子力学やビッグバン理論から導出され，あるいはそれらが依拠しているアプローチに対応するものは，科学としての歴史学にとってはなにか，ということである。もっとも「等身大」とでもよぶべきスケールに属する現

象については，相対性理論や量子力学やビッグバン理論以前の古めかしいアプローチでも十分近似的に分析できるという話も仄聞する。それでは歴史学についてはどうか。

　その他，歴史主義を科学的なアプローチとみなすことはむずかしそうだが，しかし歴史学は科学でなくてもよいという意見もあるだろう。歴史主義を採用するべく「科学」の定義をかえればよいという立場だってあるだろう。歴史をかえりみれば，天変地異など人間の意志が関与していない史実が存在するが，こういったたぐいの史実を分析する際は自然主義的アプローチが利用できるだろう。ディルタイの所説は抽象的すぎ，あまり有用ではないようにみえるが，それにもとづく具体的なアプローチが構築される日がこないとはかぎらない。

　こういった留保を付したうえで，ぼくは，歴史学がひとつの科学であり，自由な意志をもった人間を重要な対象とし，いままさに具体的な課題に直面している以上，カバー範囲が多少狭いとしても，ヴェーバー・ドレイ・スコチポル・リッカート型のアプローチを採用することが今日では最善の選択であると考えている。さらにまた，このアプローチを利用すれば，歴史における個々の因果関係は科学的に語りうる対象となるはずである。

のこされた問題

　ヴェーバー・ドレイ・スコチポル・リッカート型のアプローチには，じつはひとつ前提がある。仮説検証的なコミュニケーションにもとづいてコンセンサスを形成する努力が重視されることからわかるとおり，そこではヒストリアンについて特定の人間類型が想定されている。つまり，彼(女)たちはコミュニケーションを志向するスタンスをとるものと考えられている。

　しかし，歴史を研究し，教育し，学び，あるいは関心をもつヒストリアンは，かならず他のヒストリアンとコミュニケートしようとするものだろうか。自説に固執して聞く耳をもたないとか，特定の所説に惑溺して批判的に再検討しようとしないとかいった事例は，はたして存在しないのだろうか。

　コミュニケーションを志向するというスタンスをとるためには，自説や特定の他者の所説を相対化することが必要になる。こうしてぼくらは，教員インタビュー調査の記録を分析するなかで得られたもうひとつの問題にたどりつく。つまり，自他を相対化するにはどうすればよいかという問題である。

1　歴史における因果関係の把握をめぐる議論は，1950年代に決着をみたわけではない。たとえばリクール[b]は，この議論から示唆と刺激を得つつ，主著『時間と物語』をかきあげた。あるいはまた近年刊行された歴史学方法論の書[クラーク]も，ディルタイやヘンペルの所説に多くのページをさいている。歴史における因果関係は依然として開かれた問題なのである。

2　そのせいもあってか，ランプレヒトの所説に対する関心は，今日では高いものではない。ランプレヒトを論じる例外的な業績の例として奥田[135-139頁]を参照。

3　ヘンペルはのちに「説明」を「科学的説明」とよびかえ，それを「事実と一般法則からなる説明項にもとづいて被説明項を説明する演繹的論証の手続き」と定式化している[ヘンペルb 3, 6頁]。彼にあっては，歴史学者を含めて科学者の任務は「なぜか」という，つまり因果関係にかかわる問いに対する答えを探求することにあった。ちなみに丸山[第2章第2節]は，自然科学における因果関係と歴史学における因果関係とは同一のものではないという立場から，ヘンペルの所説を批判している。

4　最初期の歴史主義者としてしばしば言及されるのはジャンバティスタ・ヴィーコである。そして，彼が批判の対象とした自然主義者はルネ・デカルトだった。なお「歴史主義」という用語は経済学をはじめとする社会科学の一学派をさすものとして人口に膾炙しているが，ここでは歴史学に話題を限定する。

5　ドロイゼンが歴史における因果関係の分析をいかに評価したかについては，研究史上の対立がある。シュネーデルバッハ[第5章]は，彼は因果関係の分析を軽視していたと評価する。これに対して竹本は，彼が「かつて実際に起こった出来事の経緯の遺物と理解を因果関係に従って把握する」という手続きたる「プラグマティックな解釈」[竹本 157頁]に言及していたことを重視する。ドロイゼン『史学綱要』をみるかぎりでは，彼において因果関係の分析は必要ではあるが十分ではなく，しかもさほど重要ではない手続きとして位置づけられている。それゆえ本書の立場はシュネーデルバッハに近い。

6　ブルクハルトのアプローチについては，非科学的な性格が強調されたり[竹本 150頁]，ダイナミックな分析を可能にする側面をもつとみなされたり[岡崎英輔]するなど，いまだに評価が定まっているとはいいがたい。ただし，それが因果関係の分析を軽視していることについては，ほぼ見解は一致している。

7　歴史主義的アプローチにもとづいて構築された歴史像が科学的な正しいものであることを証明しようとする試みの例としてテイラー[5頁]を参照。テイラーは科学的な正しさの根拠を「意味がわかるようになる」点に求めているが，しかしこれを説得的な議論とみなすことはむずかしいだろう。なお本節では「科学」のメルクマールとして，とりあえず「追検証あるいは反証が可能であること」を採用する。

8　19世紀から20世紀にかけて展開された歴史学のアプローチをめぐる議論を整理し，検討するにあたり，トレルチや丸山は自然主義と歴史主義の対立という枠組みを重視している。これに対して向井や九鬼[a]は両者以外のアプローチを構築しようとする試みが続いたことを重視している。本書は基本的に後者の立場にたっている。

9　リッカートもまた基本的にはヴィンデルバントと同様の立場にたつ[リッカートc 49, 53頁]。

10　ディルタイの所説については，それが歴史学における因果関係の分析の必要性や可

能性を肯定しているか否かという基本的な点についてさえ，たとえば丸山[74頁]の評価と鏑木[37, 65-66頁]の示唆とを比較すればわかるとおり，通説は形成されていない。本書においてもディルタイの所説は十分に評価できていない。
11　新しいアプローチを構築しようとした哲学者の例としては，このほかにリクールがいる。彼は，歴史は「ひとりでに「何」から「何故」が発生してくるような隙間のある構造をもっている」物語であるという独自な立場から，理解という手続きを利用して歴史の脈絡を追い，脈絡が追えなくなったら説明という手続きに依拠すればよいという，自然主義と歴史主義のはざまにある「二元論でも，一元論でもない」[リクールa 42, 43頁]アプローチを構想している。ただし，これもまたじつに難解で，実際には利用しがたいアプローチと評さざるをえない。
12　ヘンペルをおもな批判対象とするドレイの所説に対しては，ヘンペルから反批判がなされている。ヘンペルによれば，歴史学においても「原則として説明は，多少とも包括的な法則群に依存する」[ヘンペルb 27頁]のである。
13　実際，19世紀から20世紀にかけてドイツ諸邦で幾多の哲学者や歴史学者があるべき歴史学のアプローチをめぐって交わした議論の歴史は，しばしばヴェーバーをゴール（到達点）としてえがきだされてきた。たとえば向井は，18世紀から20世紀の初頭にいたるドイツ哲学史における「二つの大きな山脈」の一つを「ディルタイの『精神科学序説＝歴史的理性批判』に始まり，ジンメル，リッカートを経て，ウェーバーに到る山脈」[向井 417頁]と表現している。
14　このことは，「自然主義か，歴史主義か，第3のアプローチか」という枠組みが，歴史にかかわる学問領域における適切なアプローチを考えるにあたり，20世紀末まで有効性をもっていたことを意味している。
15　リッカートの所説については，その認識論については伊藤と森秀樹が，価値論については九鬼[b]が，おのおの示唆的である。
16　むしろ，ヴェーバーが自説を構築するにあたってリッカートから大きな影響をうけたというべきだろう。
17　この点を考慮し，「文化価値」あるいは「普遍的価値」の客観的な正当性については，リッカートは説明しなかった（あるいは説明できなかった）とか，アプリオリな（あるいは形而上学的な）ものと考えていたとかいった評価があたえられている。前者の例としては関[256頁]を，後者の例としてはヒューズ[131頁]や斉藤[109頁]を参照。
18　リッカートのアプローチは，コミュニケーション論にもとづくことによって個々の歴史学者の主観性という問題をかなり回避できている点では，ヴェーバーの決断主義的なアプローチよりもすぐれていると評価することもできるだろう。歴史学がとるべきアプローチをめぐり，19世紀半ばから20世紀はじめにかけてなされた議論のゴールは，ヴェーバーではなくリッカートに求められるべきではないか。この点（のみ）が本節のオリジナルな所説をなしている。なお，コミュニケーション論的な視角からリッカート（さらにはヴェーバー）の所説を論じている稀有な例として九鬼[c 128頁]を参照。ただし九鬼はリッカートがコミュニケーション論的な立場にたっていたことを指摘していない。
19　仮説検証，コミュニティ，コミュニケーション，あるいはコンセンサスの重要性を指摘している例として世良[19頁]を参照。

第6章
いかに他者に接近するか

1　比較，相対化，他者理解

比較から相対化へ

　インタビュー調査記録では，思考力の育成と興味関心の喚起に関して，もうひとつ「くらべること」が重視されている。そして，くらべるという営為の目的は，なによりもまず相対化できる力を身につけることにおかれている。
　それでは，世界史の授業において相対化という営為の対象となるべきものはなにか。インタビュー調査記録からは，この点について3つのものが見出せる。
　第1は，教科書をはじめとするテクストである。テクストとは，歴史を語る主体たる教員からみると，語られる対象たる客体である［バーナードおよび吉川cを参照］。また，歴史を聞く生徒からすると，聞く対象たる客体である。つまり，どちらの側からしても，テクストは客体として相対化の対象となる。

> 28 授業で，教科書にない内容まで説明することはあります。たとえば，古代ギリシアにおける民主主義とソクラテスの運命，封建制と近代社会の矛盾のうえになりたつ絶対主義，あるいは市民社会，帝国主義，世界システムなどは，くわしく説明しています。フーコー，ブローデル，コルバン，アリエスなどのしごとを説明することもあります。

　第2は，歴史を語る教員や，教員がおこなう説明である。ここにおいて相対化されるのは，教員からすると，語る自分自身つまり主体である。これに対して生徒からすると，聞く対象たる客体である。つまり教員は，一方では（教員の側からみれば）主体として，他方では（生徒の側からみれば）客体として，相対化の対象になる。

> 25 〔教育方法として工夫しているのは〕説得的に話をすることです。世界史を含めた社会科科目は，基本的には思想教育という側面をもっています。したがって，中立的な授業というものはありえませんから，明確に自分

の考えを述べるべきです。もちろん，生徒に自分の考えをおしつけることが目的ではありません。教員の考えを支持する生徒がいてもよいし，批判する生徒がいてもよいと思います。そして，そのためには「これはひとつの見方にすぎない」ということを明言する必要があります。自説を単なるひとつの所説として相対化して提示することは，生徒自身のものの考えかたを育てることに役立つと思います。

　第3は，説明に耳を傾ける生徒や，彼(女)たちがすでにもっている知識や先入観や常識である。これと関連して，生徒をとりまく環境たる「日本」や「現在」もまた相対化の対象となりうるだろう。ここで相対化されるべき生徒とは，教員からすると，みずからが語る対象たる客体である。これに対して生徒からすると，相対化されるのは聞く主体たる自分自身である。つまり生徒は，一方では(教員の側からみれば)客体として，他方では(生徒の側からみれば)主体として，相対化の対象になる。

　②たとえば，ルネサンスについて，教科書には「中世文化がカトリック教会の権威によって強く規制され，現世に生きる楽しみや，理性・感情ののびやかな活動をおさえてきたのに対し，新しい市民生活は，人間性の自由・解放を積極的に求めた。そして，各人がその個性を発揮し，とらわれぬ目で人間と世界をながめようとした。この精神運動をルネサンスとよび，その時期はおよそ14世紀から16世紀にわたっている」とかかれてあり，生徒に「ルネサンスってなに？」と聞くと，ほぼ教科書どおりの回答をしますが，さらに「本当にそう思う？」，「人間って突然そんな風に考えがかわると思う？」などとつっこみ，生徒が答えに窮したときに，ルネサンスを「中世のカトリックの権威からの解放，古代ギリシア文明の復興」といいだしたのは19世紀ヨーロッパの歴史家であり，ルネサンスの時代の人は自分たちの時代がルネサンス時代とよばれていることはだれも知らないということについて説明します。教科書は，字数やページ数の制約に縛られて記述しているので，そこまではかけないこと，そのほかの部分もそういう「後世に一定程度定説として認められていること」にもとづいて記述されていること，だから新しい研究によって歴史の判断がかわる可能性が十分あることを話します。さらに，ルネサンス時代に登場する人物や作品についても，中世からの連続性があり，かならずしも中世的な要素を全部否定しているわけではないが，その後の

近代につながる「人間性の自由・解放」と解釈できる要素がある人や作品がルネサンス的とされて評価されているので，それぞれの人物や作品のどのような点がルネサンス的なのかを理解することが大切であること……を説明します。

相対化から他者理解へ

　ただし，テクストなり，歴史を語る相手なり聞く相手なり，さらには自分なりを相対化することは，それ自体でなにか意味のある営為であるとはいいがたい。インタビュー調査記録によれば，それらを相対化することにはさらなる目的がある。その最大のものは他者を理解することである。

　世界史の授業に即していえば，他者を理解するという場合，そこで想定されている他者とは他の地域にくらす人びとであり，あるいは歴史上のアクターである（第3章で先述）。たしかに，他者の価値観や思考様式やライフスタイルを理解するにあたっては，ぼくらが生活する「現在の日本」からとおくはなれた「過去の遠隔地」にかかわる史実を知ることは有益であるように思える。

　なお，インタビュー調査記録をみてゆくと，歴史教育によって他者理解をうながすことはできないと主張する事例が1件あることに気づく。それによれば，他者とのちがいを知覚することは可能かもしれないが，だからといって他者を理解することはできない。

　47〔授業の目的は〕世界は多様であり，自分とは異なる価値観をもった人びとが住んでおり，おのおのが独自の歴史と文化をもっている，ということを伝えることです。これは，日本史の授業では教えられないことです。ただし，最近はよく「異文化理解」という言葉を聞きますが，異文化を簡単に理解できるわけはありません。世界史の授業で身につくのは異質であるということを知ることだけです。

　かくして，他者理解の可能性をめぐってはいろいろな疑問がわく。ちがいを知覚することに意味はあるか。ちがいを知覚することは他者理解といかなる関係にあるか。そもそも他者理解とはいかに定義できるか。

2　主体はいかに相対化されうるか

主体の相対化

　それでは，相対化の具体的な方策とはなにか。この問題は，教員の説明，あるいは生徒の知識や先入観や常識を相対化しようとするとき，とくに深刻なものになる。教員と生徒は，歴史を語りあるいは学ぶという点で主体性をもっているからである。主体がみずからを主体的に相対化するという営為は可能か。可能だとすれば，いかなる方策をとるべきか。

　もちろん，両者はたがいに客体でもある。それゆえ，教員が生徒の知識や先入観や常識を，生徒が教員の説明を，おのおの相対化する可能性も，考えられないわけではない。ただし，そうすると今度は，このような相対化の方策がおのおのの主体性を毀損しないか，語る側と語られる側がたがいに相手を相対化するという双方向的な営為は本当に実行可能か，といった問題が生じる。相対化というのはけっこう厄介なしごとなのである。

歴史の語り手を相対化する必要性

　歴史の授業において思考力の育成を試みる場合，もちいられるテクスト（つまり教科書）をなんらかのかたちで相対化することはきわめて有効である。それではどうすればテクストを相対化しうるか，といえば，まずあげられるのはテクストと距離を保った説明を教員がおこなうことだろう。おそらくこれは，程度の差こそあれ多くの教員が日々実践している営為である。

> ⑧教科書は信頼していますが，問題があれば指摘します。他社の教科書に，使用している教科書にない新しい観点があれば，紹介します。たとえば新人類の登場時期など，歴史研究の新しい動向にはなるべく言及します。他社の教科書にせよ，使用している教科書にせよ，内容が新しい動向をふまえていなければ批判的に評価します。生徒には「教科書は通説しかのせていない，しかし学問は進歩している，いずれ書きかえられるときがくる」と明言しています。

> ⑪生徒たちが教科書の基本的な内容を知っていることを前提にし，そのうえでテーマによっては教科書をはなれたり教科書にない史実を教えたりすることもあります。実際問題として，教科書だけでは大学入試をカバーできないのです。ただし，一部には学問的なおもしろさを授業に求め

る生徒もいます。ですから，ときには「教科書の記述内容は古い」といったような話もします。
　16〔教科書については〕ひとつの見解を「正しい」といわんばかりに断定するのではなく，できればさまざまな学説を並列的に提示してほしいと思います。それによって生徒が自分で判断できるからです。
　44教科書とは距離をとっているので，授業の説明と教科書の記述とのあいだにはズレが生じます。ズレがあることは生徒たちに明言し，そのうえで，必要であれば学説のちがいなどについて説明をくわえます。たとえば，中国古代文明における稲作の存否について，新聞記事をもちいて説明します。なるべく新しい学説を紹介するようにしていますが，その際は生徒たちに「皆さんは一時的には混乱するかもしれないが，いずれこの学説が主流になると思います」といっています。

　かくして提供される教員の説明は，たしかにテクストを相対化しうるだろう。ただし，そうすると今度は教員が提供する説明がそれ自体として絶対化してしまう危険がある。かつて教員と生徒の関係が「特別権力関係」とよばれていたことからわかるとおり，そこには知識の量の多寡にもとづく一種の権力がはらまれているからである。それゆえ，ひきつづいて教員の説明を相対化することが必要になる。

「思考力育成のために説明をおしつける」という自己矛盾

　さらに世界史の授業に即していえば，教員の説明を相対化することは，単に必要であるというよりは，むしろ不可欠の作業であるといってよい。それは，世界史の授業は生徒の思考力の育成を目的のひとつとしているからである。教員の説明が絶対化されてしまえば，いくらそれが正しいものであっても，その供給がストレートに生徒の思考力の育成につながることなどありえないだろう。

　インタビュー調査の対象となった教員たちも，この点については十分に敏感である。いくつかの事例では，みずからの説明を生徒に供給することがそのままおしつけになることに対する危惧や警戒心がはっきりと表明されている。

　4最近の生徒たちは考える方法を身につけておらず，情が勝っているような印象をうけます。ですから，考える方法そのものを教える必要があり

ます。わたしの場合は、たとえば「わたしはこう考えているが、その理由は云々」というような話をしました。考える方法のひとつの例を示す、ただし自分の考えをおしつけることはしない、という立場です。

[40]授業の目的について、生徒に明言することはありません。それは、なぜこんな話をされるのかについて、生徒に自分で考えてもらいたいからです。教員が決めつけたところで、生徒の身にはつきません。自分で考える機会と時間をもつことが大切だと思っています。

[46]教科書よりはくわしい話をしているとか、新しい学説ではこうなっているとかいったことは、授業で明言しています。たとえばラス・カサスはかなり前から紹介しています。教科書と説明のズレについては、生徒からたまに質問がきます。そういうときは、本や映画などを紹介しながら説明します。生徒からは「歴史の見方を教えてくれた」というような評価がきました……。史実を教えることは必要です。ただし、ときどき歴史の見方や考えかたを話すことによって自分で考えさせる契機をあたえることも不可欠です。おしつけになってはいけませんが。

　多くの事例が主張するところによれば、思考力を育成するためには具体的な史実に関する知識を供給することが不可欠である(第3章で先述)。したがって、教員が説明することは思考力が育成されることの前提条件である。たとえ一種のおしつけになったとしても、説明は供給されなければならない。ところが、その一方で、教員の説明が絶対化して丸暗記するべきものとみなされるようになってしまうと、今度は思考力の育成が妨げられてしまう。思考力育成のために説明をおしつけるというのは、一種の自己矛盾をはらんだ営為なのである。

どこまで説明してよいか

　思考力の育成をめざしながら歴史を語るに際しては、みずからの説明を相対化しなければならない。そのためにはいかなることに留意する必要があるか。インタビュー調査記録をみると、この点をめぐってさまざまな試みが実施されていることがわかる。その際、最大の問題は、歴史を語ることをたとえば「個々の史実に関する知識を供給する、歴史像を提示する、解釈をくわえる、判断をくだす」という4つの段階にわけたとき、いったいどこまでおこなってよいかにある。

23 ファクト,データ,インフォメーション,ナレッジ,ウィズダムと並べたときに,授業はインフォメーションからナレッジまでをカバーする場であり,それ以上の「ナレッジをウィズダムにする」のは生徒一人ひとりのしごとです……。ものを考える力や判断力を育成する際に,世界史は役に立つと思います。ただし,先にも述べたとおり,ウィズダムを育成するのは生徒のしごとであり,生きかたまで教えるべきではないと思っています。世界史の授業の目的はウィズダムの基礎を構築することにあります。

この問題をめぐっては,インタビュー調査記録のなかにも,さまざまな相対立するスタンスがみてとれる。まずは,教員が説明するべきは個々の史実にかかわる知識だけであるという立場がある。この場合,史実をつなぎ,解釈し,あるいはそこから価値判断を導出するといった作業は,すべて生徒に委ねられることになる。これは,たしかに彼(女)たちの思考力の育成に役立つだろう。もっとも,さすがにこれだけでは,授業を運営することはむずかしいにちがいない。

41 本来は,教員が素材を提供し,生徒が自分で歴史像をえがきだすという授業をするべきなのではないか,という気がしています。たとえば,人物評伝などで脱線するときがありますが,しかしこの脱線は本当に史実にもとづいているか,いつも反省しています。そのことを考えると素材である資料の提示にとどめたいのですが,しかしそれではほとんどの生徒はついてきません。むずかしい問題です。

それでは,史実と史実をつないで得られる歴史像までは語っても大丈夫か。実際,そう考える立場も存在する。この立場にたてば,生徒の興味関心をひくことは,史実だけを教えるときよりは容易になるだろう。もっとも,いかなる歴史像をえがき,提示するかを考えるに際しては,教員の解釈が介入せざるをえない。さらに,どの解釈を選択するかを決定するに際しては,教員の個人的で主観的な価値判断が介入しないともかぎらない。歴史像の提示を説明に含めることは,かなりの確率で,解釈や価値判断が説明に含まれることに帰結するのである。

22 世界史を学ぶなかで,判断力は自然に育成されるものだと思います。考えながら話を聞き,つながりを自分で考えるなかで,つながりを発見することは可能だと思います。その先には,自分なりに世の中のなりたち

を考える力が育つと思います。そのためには，教員の側としては，ドラマやストーリーをつくって教えることが必要になります。

> 47 教員の問題意識を生徒におしつけるべきではありません。高等学校の授業がなすべきは，史実や資料にもとづいた知識を体系化して教え，それによって歴史の流れを理解させることです。とくに高等学校の歴史は「概説」ですから，体系化することは大切だと思います。

これに対して主観的で個人的な判断については，授業で説明することに批判的なスタンスをとる事例が存在する。なお，これとは逆に，肯定する事例はひとつも存在しない。

> 21 世界史教育の土台である歴史学は，史料の検討をしつつ「おこなわれたこと」つまり事実と「信じられたこと」つまり物語とを往復する学問です。かつ，社会科学に材料を提供する学問です。これと同様に，世界史教育は，社会科学を土台とする公民科教育にものを考える材料を提供します。したがって，世界史教育では，特定のイデオロギーや現代的な価値観による評価つまり価値判断を優先させるべきではないと思います。ちなみにわたしは，以上の点からして，高校の社会科が公民科と地歴科にわけられたことについては賛成しています。いまだ教育現場では両者は混同されている状況にありますが。

> 22 価値観を教えるべきだとは思っていません。善悪を判断するには，事実を理解し，つなげることが必要です。そして，そのためには，史実をおぼえることによって前後関係を確実にしておくことが必要だと思います。

それでは，のこされた段階つまり史実や歴史像に意味をあたえる営為たる解釈についてはどうか，というと，解釈を（いわば）おしつけることを否定する立場を表明する事例は存在しない。これはつまり，授業における説明にはどうしても解釈が混入せざるをえないということである。

歴史像の提示や解釈を含む説明は，どうしても主観的なものにならざるをえない。そうだとすれば，授業のなかでそれを相対化することが必要になる。そのための方策とはどのようなものか。

複数の解釈を提示する

この点で示唆的なのは，複数の解釈を提示することを試みている事例が存在することである。複数の解釈を提示することの目的は，教員の解釈を相対

化することにある。たしかに，単一の所説が正統なものとして提示されてしまうと，そこに登場しない史実に思いをはせたり，それと異なる視点で考えたり，それと異なる解釈を思いついたりすることはむずかしい。ものごとの多様性に対する感受性をはぐくみ，他者を理解することもまた困難になる。

　生徒がみずから主体的に思考力を育成してゆくうえで，複数の解釈を目の当たりにし，そこからみずからのものを選びとり，あるいはそれらを素材にして新しいものをつくりあげる機会はきわめて重要であるにちがいない。その意味で，複数の解釈を提示することは思考力の育成にとって一種の環境整備である。

> 17 歴史をめぐる解釈については，自説を明示するようにしています。そのうえで異なる所説があればそれも紹介し，全体に「どう思うか」と問いかけたり，個々の生徒を指名して発言を求めたりするようにしています。自説を明示したほうが，教師の興味関心が生徒に伝わり，彼らも熱心に聞いてくれます。また「どう思うか」と問いかけるのは，生徒がものを考える機会を提供したいからです。

> 43 歴史像の構築という点では，複数の歴史像を提示して生徒に比較させるというのも試みてみたい方法です。ただし，なかなか時間がないし，また，生徒の発達段階を考えると彼らを混乱させる危険もあるので，むずかしいところです。

> 49 〔教育方法として重視しているのは〕多様な観点を提示し，史実の意味を考えさせることです。たとえば，大航海時代については，ラス・カサス『インディアス報告』の資料を読ませています……。〔生徒をひきつけるか否かを左右するのは〕生徒に伝えたいものが教員にあるか否かです。ただし，それをおしつけることは好ましくありません。ですから複数の視点を提示するようにしています。

歴史の語り手は相対化しうるか

　ただし，このように環境を整備してもなお依然として問題はのこる。複数の解釈が提示されれば，かならず生徒がみずから考えはじめ，思考力が育成されてゆくか。ただちに教員と生徒のあいだの権力関係が崩れ，生徒が自由に思考し，選択できるようになるか。あるいはまた，解釈を提示するという営為は価値判断と切りはなしておこなわれうるか。

こういった疑問を念頭におくとき，51人の教員がいとなんできた，そしてまたおそらくは各地の教室で試みられているにちがいない実践が貴重なものであることを十分に認めつつ，やはり問わざるをえない――歴史の語り手という主体を相対化することは原理的に可能か。

　それでも，まずはテクストを相対化し，続いてどうにかこうにかみずからの説明を相対化しつつ提示できたとしよう。これで相対化という営為は完了し，つまりくらべる機会を提供し，思考力の育成に貢献するという作業はおわったか，というと，そうではない。

　生徒は，授業で提示されたテクストや教員の説明に含まれている知識をもちいてみずからの知識を構築してゆくことになる。しかし，本当の思考力が育成されるためには，今度は自分の知識をみずから相対化しなければならない。歴史の聞き手がみずからを相対化し，あるいは相対化できる力を身につけるにいたって，はじめてぼくらは作業の完了を宣言できる。つまり最終的な目的は，すでにもっているものも含めて複数の知識のなかからみずからが最適と判断するものを選択し，あるいはそれらをくみあわせ，新しい知識をすべての意味において批判的に構築する力を身につけることにおかれるべきである。

　もっとも，これは，おそらくはかなり困難なしごとである。そもそも生徒は，授業に参加するに先立って，すでに一定の知識を一種の先入観や常識としてもっている。こういった知識をくつがえすことはそれほど容易ではないだろう。

　41〔授業の目的は〕常識をぐらぐらさせること，つまり，知識が欠如していることや，常識と思っていることが間違っていることを生徒に気づかせることです。このうち知識の欠如については，たとえば，東南アジア史にはいる前に生徒にフリーハンドで世界地図をかかせたことがありますが，たいていの生徒は東南アジアの地図がまったくかけませんでした。常識をくつがえすという点については「みんなは某々だと思っているだろう，でも本当はどうだろうか，じつは某々なんだ」という問いかけをしたいと思っています。たとえば中央アジア史について，地図をひっくりかえし，農耕民つまり中国の側からだけでなく，遊牧民つまり中央アジアの側からアジアを見てみる，ということを試みています。もうひとつは「複眼」を手にいれることです。いま述べた中国と中央アジアの関

係の場合にもいえることですが，異文化理解つまり異質なものがたがいの価値観を認めたうえでつきあうことを学ぶには，世界史はとてもよい教材を提供しています。

> 38 教科書の内容と，授業での説明の関係については，両者をずらすことに意味があると思います。ですから，説明の骨組みを教科書のものからずらし，意図的に生徒を混乱させることもあります。それは，一種類の情報を記憶するという中学校での勉強のありかたとちがって，高校での勉強のありかたは複数の情報のなかから選択するというものだからです。また，ずらすことによって生徒が考えはじめるからです。教科書を批判したり，教科書とちがう視点から史実をみたり，教科書の内容を深めて説明したりしていること，また生徒を意図的に混乱させることもあること，こういったことは生徒にも明言しています……。〔教育方法として重視しているのは〕知りたいと思わせることです。わかったと思わせるよりも，もっと知りたいと思わせることのほうが大切だと思います。教科書の内容がゴールでないことを理解させるべく，説明を意図的に教科書の内容からずらしています。

歴史の聞き手を相対化することの可否

もうひとつ興味深いのは，生徒の知識を（すくなくとも軽々しく）相対化するべきではないと考えている事例が存在することである。生徒にとって，テクストを相対化し，教員の説明を相対化し，さらに自分の知識を相対化してしまったら，みずからの拠ってたつところがなくなってしまう。思考の足場あるいは知識の土台とでもよぶべきものが存在しないというのは，これはまさに宙吊りの状態である。こんな状態に耐えることは可能か。ましていわんや授業における歴史の聞き手は，いまだ知識を含めた人格形成の途上にある若者だというのに。

> 12 フィリップ・アリエスやアラン・コルバンなどによる「心性史」は使いづらいです。心性史の基本的なスタンスは「常識をくつがえす」です。たしかに，すでにものの見方がかたまり，常識を身につけた人であれば，常識をくつがえされれば驚くでしょう。でも高校生はまだ常識を身につけていないし，ものの見方もかたまっていません。

知識の相対化によって生徒を宙吊り状態にすることに対する懸念は，他の

事例にも共有されている。もちろんそれらとて，相対化する力を身につけることは重要でないと主張しているわけではない。あるいはまた，自己を相対化する力を身につけることはまったく不可能だと考えているわけでもない。とくに高校の歴史教育においては，歴史の聞き手たる生徒の知識が不足しているため，むやみに相対化することは危険だと判断しているのである。

> 26 かつてはわりと教科書の記述を批判していましたが，最近は安易な批判は生徒の不安をあおるので好ましくないと感じるようになりました。教科書は，むしろ生徒が信頼できる存在でなければならないように思います。ですから，教科書に内容のおもしろさを求めるのはむずかしいと感じるようになりました。

> 30 4, 5年前までは自作のプリントを中心に利用していましたが，最近は教科書を中心に教えています。新課程になってから，教科書をはなれると生徒が不安感をもつようになってきたからです。その原因は，基礎になる知識がほとんどゼロの状態で高校に進学してくることにあるように思います……。教室で教科書から距離をとり，批判的に説明するのは，生徒に混乱をひきおこす危険があり，困難です。史実を自分なりに選択し，つなげる力が弱くなっているように思います。

歴史の聞き手は相対化されうるか

それでは，この危険を回避するにはどうすればよいか。知識が不足しているのが原因なのだから，知識を供給しさえすればよいのだろうか。

じつは，問題はそれほど単純ではない。知識の供給によって既存の知識を相対化するプロセスは，往々にして，そのためにもちいられるテクストや教員の説明の注入になってしまいがちである。しかし，これでは，授業であたえられた知識がみずからの既存知識にとってかわり，あらたに絶対化されるにすぎない。相対化が達成されていないことにかわりはない。

> 43 以前在職していた高校では，生徒の常識をひっくりかえすことによって興味関心を喚起するという方法を試みていました。たとえば「きみたちは産業革命はどんなものだったと考えているか」と設問し，多くの生徒からは「産業革命は生産性をあげた」という回答がくるので，それらを紹介したうえで「じつは産業革命は多くの労働者を困窮させたし，黒人奴隷制を強化した」と種を明かします。この方法は，たしかに生徒の興

味関心を惹起できるのですが，最近はかならずしも好ましい方法ではないと評価するようになりました。これでは単に教員の歴史像をおしつけることになってしまうからです。本来，歴史像とは生徒一人ひとりが自分でつくりあげるべきものです。くわえて，ひっくりかえすべき歴史像が生徒のほうにあるのかというと，あまりにも無自覚なぼんやりしたものしかない，ということがあります。

　みずからがもっている先入観や常識に依拠していると，いつまでたっても自己は相対化できない。しかし，他者の説明をうのみにすると，自己は相対化できるかもしれないが，今度は他者を相対化できなくなる。自他を相対化するという営為は，かくして容易に袋小路におちいりうる。この懸念を念頭におくとき，ここでもやはり問わざるをえない——歴史の(語り手ならぬ)聞き手という主体を相対化することは原理的に可能か。

　主体を相対化するにはどうすればよいか。この問題に解答する能力は，残念ながらいまのぼくにはない。ここでは，ただそのむずかしさを指摘するにとどめざるをえない。

3　他者の語りかた

アクチュアルな問題としての他者理解

　インタビュー調査記録によれば，歴史教育においてものごとをくらべ，自他を相対化することの最終的な目的は，なによりもまず他者を理解することにある。それでは，他者を理解するにはどうすればよいか。

　じつは，この他者理解さらにはひろく他者との関係は，今日きわめてアクチュアルな問題になっている。齋藤純一によれば，他者との関係が人びとの関心をひいているのは，ぼくらの自由をめぐる社会環境が大きく変化しつつあるからである。つまり，17世紀以降の思想史をかえりみると，自由に対する主要な脅威とみなされるものは「他者」から「国家」へ，「社会」へ，そして「市場」へとうつりかわってきた。しかし近年では「統合の過剰というよりもむしろ分断の深化によって自由に対する制約や剥奪が惹き起こされて」おり，そのことを背景にして「「他者」による暴力が，再び，自由に対するリアルな脅威として見なされつつある」[齋藤b 18-19頁]という現象が生じている。

この現象のキーワードはなにか，といえば，まずあげるべきは「セキュリティ」だろう。みずからのセキュリティが目にみえない他者につねに脅かされているという雰囲気が広まり，人びとの日常的な行動様式に影響をあたえつつある。
　例として小学校をとりまく状況をみれば，そのことは一目瞭然だろう。私事で恐縮だが，昨春に娘が小学校に入学し，卒業以来30年ぶりに小学校なるものとつきあうようになった。十年一昔という計算からすれば三昔前のことになるから当然かもしれないが，小学校をとりまく環境の変化に一種のカルチュア・ショックをうける毎日である。
　なによりもおどろいたのは，PTAの活動でも，先生がたとの面談でも，あるいは娘がもちかえるプリントでも，児童の安全つまりセキュリティが大きなウェイトを占めていることである。たとえば，帰宅した娘のランドセルからは，しばしば「不審者情報」と題されたプリントがでてくる。プリントで示されるケースのなかには，腕をつかんだとか，「車に乗らないか」と声をかけたとか，あきらかに不審なものもある。その一方で，「おい小僧っ」と声をかけたとか，ふらふら歩いていたとか，不審か否かにわかには判断しがたいものもある。
　そのような不審者情報だが，それでも，場合によっては，セキュリティを確保するべく朝の登校時に教員が通学路に立つことになる。しかし，たしか学区が安全なことでは市内でも指折りといわれる小学校だったはずなのだが。
　このような事態を過剰反応とよぶ人もいるかもしれないが，登下校時のセキュリティが気にかかる一保護者としては，とても学校の対応をわらえない。もちろん保護者たるぼくが登下校のすべてに付き添えばよいのだろうが，しごとをもつ身には(それでもがんばって登校には付き添うが，さすがに下校時の付き添いは)かなわぬことだし，付き添い人をやとえばよいのかもしれないが，わが家の家計では夢のまた夢である。
　それでは，保護者や地域コミュニティが協力し，市民社会のレベルでセキュリティを維持するべきだろうか。たしかに，複数の人間があつまれば，個人よりは対応しやすそうに思える。かくしてPTAは登下校時のパトロールを行事化し，町内会は児童を見守るボランティア活動をよびかけることになる。
　ただし，保護者にとっても地域コミュニティのボランティアにとっても，

いつも，そしていつまでもパトロールをするのは大変な負担である。さらにいえば，ここからは市民が相互に監視しあうという事態が出現するかもしれないが，それもちょっと不気味な話ではある。

そうすると，つまり，セキュリティとは自由な個人のレベルでも市民社会のレベルでも十分には解決できないたぐいの問題なのではないかということになる。なにしろ，カネで解決できる一部の人びとを除き，個人では十全に対応および解決できないし，市民社会の力で解決しようとすると，一種隣組的な世の中がうまれてしまう危険があるのだから。

かくして，それでは警察にパトロールを依頼しようという意見がうまれ，保護者や教員や地域コミュニティのあいだに広まる。朝からパトロールカーがあちらこちらを巡回する光景がしばしばみられるようになる。

この事態に対しては，曖昧な情報にもとづいて警察にパトロールを要請するなど，監視や規律を担う権力の網の目の強化に手を貸しているにすぎず，ぼくらの自由が存在する余地をせばめている，という批判もあるだろう。

ただし，登下校時のセキュリティが保護者の関心事であるかぎり，さらにはひろく目にみえない他者からのセキュリティが人びとの関心事であるかぎり，警察をはじめとする権力システムに依拠する心性が存続し，あるいは強まり，それが一部の自由を制約する方向にはたらくことは，ぼくには必定であるように思える。

それでは，セキュリティと自由を両立させるにはどうすればよいか。この難問に答える用意はぼくにはないが，たぶん万能薬はなく，具体的な問題を一つひとつチェックすることから始めるしかないのだろう。たとえば，ふらふら歩いていた「不審者」は本当に「不審者」だったのだろうか。

他者理解とはなにか

このような現実を反映してか，「セキュリティ」の対象たる目にみえない他者をはじめとするさまざまな他者との関係をめぐっては，哲学，政治学，歴史学，社会学といった学問領域や，あるいは学界外において，多くの所説が提示され，論争がまきおこっている。

そのなかでわかってきたのは，他者との関係をどうとりむすぶべきかという問題はきわめて複雑だという，ある意味ではあたりまえのことである。そもそも他者とはだれのことか。他者を理解するというが，どうすれば他者を

理解したといえるか。なぜ他者を理解しなければならないか。他者理解が必要だとして，それはいかにすれば可能か。こういった数多くのさまざまな疑問がわいてくるのである。

ただし他者との関係は，アクチュアルなテーマであるだけに，これまでもさまざまな論者によって論じられてきた。以下ではそれらをサーベイしつつ，歴史を語る際に他者をとりあつかうにあたって念頭におくべきことを確認してみたい。

しかし，それにしてもなぜ他者を問題にしなければならないのか。たとえば，ぼく自身についていえば，基本的に自宅と職場を往復するという単純で単調な生活を送っているせいか，日常生活のなかで他者とつきあう時間はけっして多くない。というよりも，布団のなかで目覚め，朝食をとり，でかける準備をし，玄関をでるまでは，家族としか会わない。娘を小学校まで送ってから職場に行くが，この間はいつも決まった時間，決まった道を歩く。職場ですることといったら，いつもの学生諸君を相手に授業をするか，いつもの同僚諸氏と会議をするか，ひとりで研究するか，ほとんどこの3つである。あとは，いつもの道を歩いて帰宅し，家族と夜をすごす。こんな日常のどこに他者との接触があるのか。そんなぼくが，どうして他者とのつきあいかたについて頭を悩まさなければならないのか。

高橋哲哉によれば，ぼくらはさまざまな人間関係をとりむすびながら生活しているが，これら人間関係の基本には呼びかけと応答という関係がある。この関係においてぼくらに呼びかけてくるのは，なにも家族や知人や知己だけではない。高橋にいわせれば「私たちのまわりには，他者からの呼びかけがあふれている」[高橋 30頁]。それゆえぼくらは，好むと好まざるとにかかわらず，他者からの呼びかけに(それを黙殺するという選択も含めて)反応しなければならないし，実際反応しながら日々をすごしている。ぼくのように，他者とのつきあいなどほとんどなさそうな単純かつ単調な生活を送る人間にとっても，他者は必然的かつ不可避的に存在し，なんらかの関係をとりむすぶことを求めている。他者を無視することはほとんど不可能だろう，というわけである。

それだけではない。齋藤純一にいわせれば，他者の存在とは，単に必然かつ不可避なものであるだけではなく，ぼくらの存在にとって必要かつ不可欠なものでさえある。イマヌエル・カントやハンナ・アレントを参照しながら

齋藤が論じるところによれば，ぼくらのアイデンティティは複数の層や構成要素からなっている。それらを単一のアイデンティティにとりまとめるに際しては，他者との対話や他者の視点からの判断という営為が不可欠である。「アイデンティティは他者の存在を要求する」［齋藤a　42頁］のであり，ぼくらが生きるに際しては自分のアイデンティティのありかたを確認することが前提条件である以上，だれにとっても，どのような生活をしていても，他者は必要かつ不可欠な存在とみなされなければならない。

　このように必然的で不可避で必要で不可欠な存在である他者と，ぼくらはどのような関係をとりむすべばよいか。この問いに対してはさまざまな回答が予想されるし，また可能だろう。ただし，とりむすぶべき関係としてどれを選択するにせよ，そのためには，まずはその他者を理解しなければならない。それでは，他者を理解することは可能か。可能だとすると，そのための方策とはどのようなものか。

他者理解の困難
　高橋や齋藤は，他者を理解することは必要であり，したがって可能でなければならないと説く。しかしながら，現実の世界をみてみよう。そこには，他者理解の困難を示唆する幾多の事例がひしめきあっている。高橋や齋藤の所説はあまりにも楽観的すぎはしないだろうか。
　たとえば文化と文化の接触である。20世紀末になると，交通や通信にかかわる技術が進化し，みずからが属する文化以外の文化たる異文化と直接間接に接する機会がふえた。いわゆるグローバル化である。異文化に属する人びとは典型的な他者であるといえるが，グローバル化はこの他者と接触する機会を増加させる。たしかに，長期の休みになると，空港の国際線ロビーは海外にでかける人びとでごったがえす。あるいは，衛星放送やケーブル・テレビに加入しさえすれば，さまざまな国の番組を自宅にいながらにして視聴できる。そして，こんな事態はひとり日本だけにかぎられるものではない。
　常識的に考えれば，他者と接触する機会がふえれば他者理解はすすむはずである。しかし，異なる文化に属する人びとのあいだでは，事態はそうではない。近年のできごとをふりかえるだけでも，ヨーロッパではトルコのヨーロッパ連合加盟の可否が問題になり，アフリカでは各地で部族間紛争が続き，アジアでもスリランカやフィリピンで内戦が泥沼化し，そして全世界は「対

テロ戦争」でおおわれている……。これらの事態を要約すれば，それは「文明の衝突」である。異文化間の対立と衝突は，ふえることさえあれ減ることはなかった。

　しかし，なぜ異文化接触は異文化理解をもたらさなかったのか。サミュエル・ハンチントンによれば，それは「人は自分のアイデンティティを自分以外の人によって定義する」[ハンチントン 94頁]からである。異文化との接触がふえると，ぼくらは「自分とはなにものか」という疑問にさいなまれるようになる。自分の文化のことを知るには，自文化とちがう存在つまり異文化（さらにいえば敵）が必要である。ぼくらは「彼（女）たちの文化とちがう」存在として自文化を定義するからである。それゆえ異文化との接触は，異文化と自文化のちがいをクリアにし，自他を峻別する方向にはたらく。

　自他の峻別というメカニズムは，単に文化のみにかかわる場面だけではなく，あらゆる種類の他者とつきあう際に機能する。小森陽一によれば，それは，このメカニズムが人間の本性にふかく刻みこまれているからである[小森 17-23頁]。ぼくらは，異質な存在たる他者に出会うと，恐怖や不安を感じ，攻撃するか逃亡するかを選択する。しかし，攻撃するにせよ逃亡するにせよ，いずれにせよそれは異質性に対する嫌悪である。ぼくらは他者を嫌うようにうまれついているというわけである。

　文化をはじめとするみずからの集団的アイデンティティを確定するためには，異質な集団的アイデンティティの所有者たる他者を，みずからとちがい，みずからと対立し，さらにはみずからと敵対するものとして，設定しなければならない。そのためには，なんらかの論理をもちいて自他の境界を画定し，自他を特徴づけ，自他に価値をわりあてなければならない。こういった営為を，ここでは「集団的アイデンティティの政治」とよぶ。「文明の衝突」がそのひとつの典型であることは，いうまでもないだろう。

　そして，集団的アイデンティティの政治が支配するところでは，他者との接触は他者理解をもたらさない。他者理解は，それほど容易なものではないのである。

クレオール性への着目

　とくに1989年にベルリンの壁がたおれて以来，「文明の衝突」は世界各地で大きな問題とみなされるようになった。そのことを反映して，「集団的ア

イデンティティの政治」が優越するなかで他者を理解するにはどうすればよいかという問題が，さまざまな学問領域で論じられるようになった。それは，いわば一種のブームだった[上野編を参照]。

このような状況のなかで多くの人びとの注目をあつめたのが「クレオール」ということばだった。クレオールとは，カリブ海地域に広がるフランス領西インド諸島で話されている言語のことである。この地域では，大航海時代以来，ヨーロッパ諸国による植民地化がすすみ，その一環としてアフリカから奴隷が「輸入」された。その結果「生きのびたアメリカ先住民の言葉と，アフリカ各地から大量に輸送された黒人奴隷の言葉と，17世紀の標準化される以前のフランス各地の方言から，ブリコラージュと混淆によって」[三浦113頁]ひとつの言語が創造される。それがクレオールである。

この歴史だけを聞くと，クレオールとは，異なった文化をもった人びとがつどう空間で，日常生活を円滑にいとなむためにやむをえず，それもとりあえず手近にあったいくつかの言語をごたまぜにしてつくりだされた言語であり，それ以上のものではない，という気がする。実際，長いあいだクレオールは即席の混成語にすぎないとみなされてきた。これに対して近年におけるクレオールの復権を主導してきた論者たちは，クレオールのもつ性質を「クレオール性」とよんだうえで，クレオール性こそ他者理解のカギだと主張している。しかし，どうして即席の混成語が集団的アイデンティティの政治に対処するためのツールたりうるのか。

ラファエル・コンフィアンたちによれば，クレオール性とは「開かれた多様性」をもった「諸々の文化要素の相互交感的な，相互浸透的な集合体」である。それは「誤った普遍性，単一言語主義，純粋さ」に対置されるべき性質である。そして，クレオール性が重要なのは「我々のアイデンティティの根幹は複雑さだからである」[コンフィアン他 41-42, 39, 43頁]。クレオール性とは，複数の可変的で柔軟で開放的なアイデンティティが複雑にからみあってできあがった，多様で雑種的で，これまた可変的で柔軟で開放的なアイデンティティを特徴づけるものなのである。

クレオール性をめぐる所説が示唆しているのは，集団的アイデンティティは単一で不変で堅固で所与なものなどではないということである[加藤も参照]。集団的アイデンティティはあらかじめそこに単一で不変で堅固なものとして存在していると考えるから，件の集団的アイデンティティの政治が激化する。

集団的アイデンティティがクレオール性をはらむことを認めれば，他者理解は容易になるはずである。

たとえば，世紀末の世界を震撼させたルワンダ内戦では，「フツ族」と「ツチ族」という2つの部族が，おのおの単一で不変で堅固な集団的アイデンティティとみなされ，あるいはかく自任したがゆえに，相対立した。しかし内戦勃発の時点では，部族間婚の進行などによって，両者の境界は自明のものではなくなっていた。「フツ族」であれ「ツチ族」であれ，単一で不変で堅固で所与なものたる集団的アイデンティティなどではなかったのである。そのことが十分に認識されていれば，あのような惨劇は発生しなかったかもしれない。

たしかに，たとえば「日本人」という集団的アイデンティティについて，その過去と現在を考えると，それが単一で不変で堅固で所与であるなどとはとてもいえないことがわかる。「日本人」の前提をなす「日本」の境界は歴史的におおきく変化してきた。あるいはまた「日本人」と「日本国民」がイコールであると断言することは，移民や帰化の進展という事態をうけて，なかなかむずかしい。つまり，ぼくらにとってもことは他人事ではない。「日本人」もまた，他の集団的アイデンティティとおなじくクレオール性をはらんでいるからである。

クレオール性の重要性を説く論者たちの念頭には，このように，クレオール性に着目することによって集団的アイデンティティの政治を克服し，他者理解にいたりうるのではないかという期待がある［三浦 321-325頁を参照］。

オリエンタリズムというアポリア

しかしながら，他者の問題をめぐって展開されてきた議論をみると，この期待に冷や水を浴びせるがごとき所説が提示され，ひろく人口に膾炙していることがわかる。エドワード・サイードにはじまる，いわゆるオリエンタリズム論である。周知の所説ではあるが，簡単に確認しておこう。

サイードによれば，過去から今日にいたるまでヨーロッパで保持されてきた「オリエント」のイメージは，かならずしも実態を正確に反映するものではない。むしろそれは，オリエントはかくあるべきという意識的あるいは無意識の意図および目的にそって想像され，さらには創造されたものというべきである。そして，この意図および目的とは，自分たちすなわちヨーロッパ

を規定する際の対照物としてはたらくことであり，自分たちすなわちヨーロッパと他者すなわちオリエントとを明確に区別することであり，そして「オリエントを支配し再構成し威圧する」ことである。このような「東洋と(しばしば)西洋とされるものとのあいだに設けられた存在論的・認識論的区別にもとづく思考様式」を，彼は「オリエンタリズム」とよぶ[サイードa 上巻21, 20頁]。

　オリエンタリズム論によれば，ぼくらの集団的アイデンティティにせよ，他者の集団的アイデンティティにせよ，それらは単一で不変で堅固で所与なものではない。オリエンタリズムに即していえば，ヨーロッパ人にとっての前者たる「西洋」や後者たる「オリエント」はヨーロッパ人自身によってつくりあげられてきたのであり，その意味では多様で雑種的で可変的で柔軟で開放的で，それゆえ変化しうるものである。つまり，集団的アイデンティティはクレオール性をそなえている。

　ただし問題は，集団的アイデンティティが変化しうるとして，そこではたらくメカニズムはいかなるものかという点にある。サイードによれば，ぼくらが他者を認識する際，そこにはかならず他者の上位にたち，あるいは支配したいという欲望がはたらく。それゆえ集団的アイデンティティは他者を「理解し，場合によっては支配し，操縦し，統合しようとさえする」[サイードa 上巻40頁]方向に変化してゆく。その先に，はたして他者理解は成るか。かくしてオリエンタリズム論は，他者理解の道を求める際，ひとつのアポリア(難問)としてたちあらわれる。

　オリエンタリズム論は，単にヨーロッパのみにかかわる問題ではない。姜尚中が述べるとおり，明治維新後の日本の歴史をみると，集団的アイデンティティとしての「日本」は「植民地アジアとの差異に依存しつつ，その差異を否定すべき「他者性」に転化させることで成り立ちえた」[姜 85頁]ことがわかる。これはまさにオリエンタリズム論が提示する構図そのものである。ここでもまた，ぼくらにとってことは他人事ではない。

　それでは，オリエンタリズム論が提示した，集団的アイデンティティがはらむアポリアはいかに克服しうるか。サイードをみると，彼は「ポスト・ナショナリズム的な理論文化」や「反システム運動」[サイードb 下巻131, 203頁]に期待する。しかし，これらがなぜ，いかに他者理解をもたらしうるかについて，具体的な言及や分析はない。これは，オリエンタリズム論が提示した

アポリアの深刻さを証していると読むべきか。それとも，ここに，あたらしい分析枠組の必要性を訴えるかすかな声を聞きとるべきか[西川　第3章を参照]。

集団の問題から個人の問題へ

　ぼくらが集団的アイデンティティのアポリアに直面せざるをえないのは，たとえば多文化主義という政策の導入の是非について論じるときである。エイミー・ガットマンによれば，多文化主義とは「市民の特殊な文化的アイデンティティの承認ないしは尊重」[テイラー他　3頁]を求める所説である。いいかえれば，特定の文化を共有することにもとづいて成立する集団に対して，そのおのおのがもつ文化的な特性を擁護するために必要な特別な権利を認めるべきであると主張する所説である。

　第二次世界大戦を経ると，アメリカ合衆国における公民権運動，カナダにおけるフランス系住民の自治権要求，あるいは世界各地における移民の文化的な自立の動きなど，まさに「市民の特殊な文化的アイデンティティの承認ないしは尊重」を求める動きが広がった。さらにまた，世紀末が近づくと「文明の衝突」の危険を叫ぶ声が高まった。こうしたなかで多文化主義は，異なった文化の担い手たる他者を理解し，尊重し，さらには共存するための方策を提供するものとして，多くの関心をひき，さらにはたかく評価されるようになってきた。たしかに，たとえばいわゆる在日韓国・朝鮮人のことを考えれば，彼(女)たちの集団的アイデンティティを尊重することはまさに他者理解の一契機にして一実践であるといえるだろう。

　ただし，多文化主義は万能ではない。たとえば，ある集団の「文化的アイデンティティの承認ないしは尊重」は，かならずしもその集団の存在そのものを尊重することを意味しない。「みなさんの集団的アイデンティティを尊重します」というセリフが「ですから，どこか別のところに行ってください」とか「でも，偉いのは当方ですからね」とかいったセリフにつながってゆかないという保証はどこにもない。これはまさにオリエンタリズム論が提示したアポリアにほかならない。

　あるいはまた，多文化主義において承認ないし尊重されるべき集団的アイデンティティの範囲はどこまでかという問題もある。たとえば，ある集団が「男尊女卑」という集団的アイデンティティをもっているとして，これは承認ないし尊重されるべきか。それとも，基本的人権のカタログには「男女平

等」がのっているといった理由から、この集団的アイデンティティは批判され、否定されるべきか[ドゥプレ他を参照]。

　こうした問題を考えるにあたっては、ウィル・キムリッカの所説が興味深い。彼によれば、集団的アイデンティティをすべて承認ないしは尊重する必要はない。承認ないし尊重するべきものもあれば、承認ないし尊重する必要のないものもある。それでは、両者はいかに区別されうるか。キムリッカは集団的アイデンティティを、当該集団のメンバーから異論が生じるのを妨げる方向にはたらく「対内的制約」と、当該集団の外部におけるなんらかの決定がもたらすインパクトから当該集団を守る方向にはたらく「対外的防御」に区別し、絶対的に承認ないしは尊重されるべきは後者だけであると主張する[キムリッカ 51頁]。

　ここで示唆されているのは、アイデンティティの問題はつまるところ集団ではなく個人の次元で議論されなければならないということである。先述した例に即していえば、ある人と一対一で話しているときに「どこか別のところに行ってください」とか「偉いのは当方ですからね」といわれたとしても、個人には移動の自由があることを指摘したり、微苦笑したりすればよいだけのことだろう。あるいはまた、ある人に「ぼくら集団には男尊女卑というアイデンティティがある」といわれたら、それが当該集団の女性メンバーからの個人的な異議申立てを惹起しないか、異議申立てを抑圧する方向にはたらかないか、問うてみればよいだろう。

　いずれにせよ、大切なのは集団ではなく個人なのである。したがって問題とするべきは、個人の次元で他者を理解するにはどうすればよいかである。

個人の次元における他者とはだれか

　しかして、そもそも個人の次元における「他者」とはだれか。もっとも単純に考えると、自分以外は全部他者であるといってよい気もする。ただし、たいていの人には、家族と阿吽(あうん)の呼吸でつながり、とても他人とは思えなかったといった経験があるだろう。あるいはまた、怒りにわれを忘れるとき、自分が自分でなくなり、見知らぬ他者になったような、あるいは自分のなかに他者がいるような、そんな気分がしたという経験もあるだろう。自分と他者はどんな関係にあるのだろうか。

　この問題を考えるに際しては、マイケル・イグナティエフの所説が示唆的

である。彼によれば、ぼくらはすべて人間であり、人間であるかぎりは、餓え、渇き、疲労、孤独、欲情といった基本的な感情を共有している。「人間は自然的存在としては同一である」以上、個人の次元における他者は、自分とのあいだに、この同一性という接点をもっている。それではぼくらは他の人びととなにからなにまで同一か、といえば、当然ながらそのようなことはありえない。イグナティエフによれば、ぼくらは自然的存在であると同時に、あるいは親であり、あるいは子であり、あるいはなんらかの集団のメンバーであり、あるいは隣人であり、つまりは社会的存在である。そして、社会的な存在という次元で考えると、自分と他者のあいだには差異が存在する。個人の次元における他者とは、同一性と差異という二面性をあわせもつ存在なのである［イグナティエフ 39-42頁］。

　他者の二面性を強調する論者としては、ほかにも、たとえばハンナ・アレントがいる。アレントの他者論についてはすぐれた分析［齋藤a 第2部第2章］があるので、詳細はそちらに譲るが、彼女もまた「多種多様な人びとがいるという人間の多数性は……平等と差異という二重の性格をもっている」［アレント 286頁］ことを指摘している。

　ただし、本節にとってのアレントの所説の重要性は、他者がもつ「平等と差異という二重の性格」を指摘するにとどまらず、この性格が他者理解とどのような関係にあるかを論じた点にある。彼女によれば、人間はたがいに等しいからこそ相互に理解しあえるし、その一方で、たがいに異なるからこそ理性や知性をもちいて相互に理解しようと試みる［アレント 286頁］。他者における差異性は相互理解のインセンティヴをもたらすというわけである。

差異は敵対のリスクをはらんでいる
　しかし、本当にそうだろうか。他者がもつ差異性が、他者に対する理解ではなく、他者に対する無理解と敵対心をもたらしてしまうという危険はないか。そして、もしもそうであれば、この危険を避け、他者理解を実現するには、いったいどうすればよいか。
　たとえば、ちょっと日常生活を考えてみよう。出身地でも、趣味でも、方言でも、なんでもよいが、なにか自分と共通点がある人については、話しやすいし、話もはずむし、わりあい理解しやすいものだ。それでは、出身地も趣味も方言もすべてちがうような人についてはどうか、想像してみると……

なかなか話しにくそうだし,話もはずまなさそうだし,理解するのはむずかしそうだ,それに,ぼくの趣味に関心がなさそうだが,それはつまり,もしかするとぼくのことが気にいらないのだろうか,そうだとしたら,ぼくだって,わざわざそんな人間を理解しようと骨を折る必要はあるまい,どうも気に食わない,敵といってもいいだろう……というのは根拠なき空想にすぎないが,かく空想するのはひとりぼくだけだろうか。

　個人間の差異が敵対心につながる危険を考えるにあたっては,シャンタル・ムフの議論が示唆的である。民主主義はいかなるものたるべきかをめぐって刺激的な議論を展開していることで知られるムフは,たがいに異なる個人が存在することから政治が生じ,民主主義という政治制度が必要になると考える。さて,しばしば民主主義は個人の利害同士を調整して妥協にいたらしめ,あるいは個人をこえる公共の利害について議論によって合意にいたらしめる制度であると考えられている。しかし,彼女にいわせれば,これは正しくない。妥協や合意は異議申立ての機会を奪い,政治の活力を失わせる。ぼくらに必要なのは利害の対立,意見の分裂,あるいは紛争や闘争や異議申立てを永続せしめるような民主主義,つまり「多元主義的民主主義」[ムフb 53頁]である。

　ムフが提示する民主主義のイメージはきわめてダイナミックなものであるが,しかし大きな問題をはらんでいる。紛争や闘争や異議申立ての永続によって特徴づけられる多元的民主主義にあっては,他者は打倒するべき敵にならないか。差異性は敵対心をもたらしてしまわないか。

　もちろんムフとてこの点を認識していないわけではない。彼女は,破壊するべき対象である「敵」と,論争相手ではあるが自説を擁護する権利が認められるべき「対抗者」を区別し,多元的民主主義における反対者は後者とみなされなければならないと主張する[ムフa 8頁]。差異性によって特徴づけられる他者は,しかしながら敵対心の対象となってはならない,というわけである。

　それでは,他者を「敵」ではなく「対抗者」たらしめるにはどうすればよいか。ムフは「共通の象徴空間」や「自由民主主義への倫理・政治的な支持」や「集合的情報の回路」といった「共通の基盤」[ムフb 22, 158, 159頁]を構築するべきことを説くが,これは具体的な提言とはみなしがたい。ムフとよく似た民主主義のイメージを提示しているウィリアム・コノリーにあっても,

事態はかわらない[コノリー 80, 136-137頁を参照]。

　このように，個人と個人のあいだの差異は敵対のリスクをはらんでいる。しかしこれでは，他者と自己のあいだにはかならず差異がある以上，他者とつきあい，他者を理解することはむずかしいといわなければならないだろう。

差異はメリットをもたらすか
　自分とちがう他者を，敵対する存在ではなく，理解するべき存在とみなすことは可能か。可能だとすれば，どうすればよいか。これは哲学をはじめとするさまざまな学問領域で論じられてきた大問題であり，また，いまのぼくに名案があるわけではない。そのうえで，この難問を考える際に留意しておきたいポイントをひとつだけあげておこう。それは，他者を理解しようとするにはコストがかかるということである。とくに，どう考えても自分と大きく異なる他者を理解するには相当な労力が必要だろう。それくらいだったら自分とよく似た他者とつきあうほうが，なんとなく理解しあえそうなだけに楽である。そして，コストがかかる以上，人びとがその営為にのりだすには，それを上回る便益(ベネフィット)が必要になる。つまり，差異性をはらむ他者とつきあうことに便益はあるか，あるとすればそれはなにか，ということである。

　この問題を考えるに際しては，アクセル・ホネットの所説が示唆的である。彼は人間はいかに自律するかという問題を検討し，ゲオルグ・ヘーゲルやジョージ・ミードによって論じられた「承認をめぐる闘争」という概念にゆきつく。ホネットによれば，ヘーゲルは，個人がみずからのアイデンティティを確立するには他者からの承認が必要であると主張した[ホネット 21, 30頁]。ミードは，ぼくらが自尊心をもち，自己を肯定する状態にいたるには，他者に人格を承認してもらうことが必要であると考えた[ホネット 106頁]。このような「承認をめぐる闘争」が展開されるなかで，人びとの自律が実現してゆくわけである。

　ホネット，さらにはヘーゲルやミードによれば，人間はみずからの力だけでは自律できない。そのためには，みずからを承認する他者が必要である。もしもそうだとすると，このような機能をはたす他者とつきあい，理解しようとすることには，みずからのアイデンティティを確立できるという便益がある。ぼくらは，他者とつきあい理解しようとつとめることから生じるコス

トと，みずからのアイデンティティが確立されることからもたらされる便益を比較し，後者が大きければ他者理解を試みはじめる，ということになる。さらにいえば，みずからのアイデンティティを確立することは人間の存在にとって不可欠の前提条件だから，この損得勘定はきっとプラスになるだろう。

　もちろん，他者を理解することの便益はこれだけではないだろう。あるいはまた，他者を理解しようとするときに心のなかではたらくのは損得勘定だけではないだろう。ここで確認しておくべきは，自分の利益だけを考えるような人間にあっても，自分とまったくちがう他者を理解しようとする契機は存在しうるということである。そうすれば，差異性ばかりがめだつような他者であっても，ムフがいうところの「対抗者」として遇し，イグナティエフやアレントがいうところの二面性をもつ存在としてつきあい，理解するべき対象たりうるだろう。さらには個人の次元における他者理解の延長線上に，集団の次元における他者理解の実現と，それにもとづく集団的アイデンティティの政治や「文明の衝突」の解決を，かすかにではあるかもしれないが期待しうるだろう。

のこされた問題

　さまざまな学問領域で展開されてきた諸説をかえりみてわかるのは，他者理解の（すくなくとも理論的な）可能性は存在するということである。

　ただし歴史の語りかたを論じているぼくらが本来問題にするべきは，ひろく他者一般ではなく，歴史における他者という限定された存在である。歴史における他者は，他の他者にはない特殊性をもっているか。もっているとしたら，それはいかなるものか。歴史における他者を理解するには，とくにどのようなことに留意しなければならないか……こういった問題を検討することは，しかしながら現在のぼくの能力をはるかにこえている［とりあえずセルトー序文を参照］。

終章
歴史の語りかた

「つなぐこと」と「くらべること」

　51人の高校世界史担当教員に対するインタビュー調査記録を分析してわかったのは、生徒の思考力を育成しようとし、そしてまた彼(女)たちの興味関心を喚起しようとする際には「つなぐこと」と「くらべること」が有効であるということだった。それでは、この2つの営為はいかなる関係にあるか。

　まず、具体的な方策の次元について考えよう。インタビュー調査記録には、両者のつながりについて具体的にふれた事例は残念ながら存在しない。それゆえ、この問題に対しては間接的にしか接近できない。とりあえず「つなぐこと」と「くらべること」の双方について、両者の契機あるいは帰結であると位置づけられている営為をインタビュー調査記録のなかに探してみよう。そのような営為があれば、それは「つなぐこと」と「くらべること」の双方に同時に関連しているとみなしうるからである。

　このように位置づけられるものとしてインタビュー調査記録に見出せるのは、まず、ものを考える機会つまり思考機会を提供するという営為である。この営為と「つなぐこと」の関係をめぐっては、とくに因果関係について考えさせることについて、それが思考機会の提供にとって有効であることが強調されている。

　　10 世界史は、いろいろなことを考えさせることによって、ものを考える力をやしなうことに役立つと思います……。大切なのは「なぜか」と問いかけることだと思います。
　　24 〔教育方法として重視しているのは〕問題解決学習をもちいて、考えさせる授業をすることです。問題解決学習が含まれていなければ、授業ではなくただの講義になってしまいます。とくに社会科にとっては、問題解決学習は命だと思っています。具体的には、さまざまなポイントで「なぜか」と問いかけ、考えさせています。その際には資料を使うことが有益です。資料にはじつは答えもかかれているので、資料をみていろいろと

考えさせるわけです。

26 なるべく生徒をあてるようにしています。最大で，1時間に10人くらいでしょうか。基本的な語句の意味を問うだけでなく「なぜそうなったか」とか「その結果どうなったか」とか「あなたがこの人物だったらどうするか」とかいった質問もしています。理由や帰結を問うのは，因果関係を考えることは頭を使うことだからです……。こんな問題を考えることによって，それまで得た知識がつながることを期待しています。せっかく学んだ知識は使うべきだと思っています。

40 〔教育方法として重視しているのは〕疑問をいったん生徒になげかけることです。たとえばマリウスの軍制改革でローマはどのように変化したかという問題を提示し，「この点についてちょっと考えてみよう」といって一呼吸おく，といったことです。このような問いかけは頻繁におこなっています。それは「なぜか」という問題を考えさせたいからです。生徒に考えさせる授業，つまり生徒が考える授業は，いずれ生徒の役に立つと思っています。もっとも，本来であれば個々の生徒を指名して答えさせればよいのですが，それをする時間はありません。

つぎに「くらべること」と思考機会の提供との関係をめぐっては，とくに，それまで真理だと考えられてきたさまざまな知識を相対化することによって知的な驚きを生じさせ，さらには思考へと導くことが重視されている。

11 とくに重視しているのは諸学説を紹介し，わたしなりの評価を根拠とともに提示し，自分で考えてみるよう生徒にもいうことです。たとえば，これは日本史ですが，鎌倉幕府の成立の年代については，1180年から1192年まで，6つの学説があります。これらをおのおのの根拠とともに紹介します。生徒たちはけっこう食いついてきます。世界史については，たとえば……百年戦争はいつ始まるか。1337年，1338年，1339年の3つの表記があり，生徒からかならず質問をうけます。それほど重要な事柄ではありませんが，歴史をみる視点や価値観はひとつではないことを示す一例として紹介しています。

28 授業の説明が教科書の文章とずれることもあります。その場合は，授業の説明のほうを重視するよう話しています。それは，授業では「教科書の記述や定説は間違っている可能性がある」とか「自分で考えよう」とかいうことも話し，説明を相対化するよう心がけているからです。

50 教科書にない内容を説明する，教科書に対する評価を明言する，自分がおもしろいと思っていることを話す，といったことをしています。生徒を混乱させ，あれっと思わせ，質問に来させることが狙いです。さらには『環』などの本や雑誌を生徒に紹介したり，概略を話したりしています。

このように「つなぐこと」と「くらべること」は生徒に思考機会を提供する点を共有するとみなされている。両者は，ともに思考機会の提供に帰結するという点で，相互に連接しているのである。ただし，これは連接のありかたとしてはきわめて間接的なものにすぎない。両者の連接のありかたについて具体的にふれている事例がない(先述)ことと考えあわせると，「つなぐこと」と「くらべること」が具体的な方策の次元でどのような関係にあると考えられているかという問題について十分な回答はできない。

つなぐ論理，くらべる論理

それにしても「つなぐこと」と「くらべること」の関係を問うことにはいかなる意味があるのだろうか。双方ともに重要であり，また有益である，というだけで十分ではないのだろうか。とくに，実際に授業を担当し，日々具体的な問題に直面している教員にとっては。

じつは，そうではない。

17〔授業の目的は〕第1に，歴史のおもしろさを伝えることです。とくに，たとえばピラミッドの歴史など自分がおもしろいと思ったことを説明すると，生徒によく伝わるようです。第2に，ただしこれだけでは，日本人が世界史を学ぶ意義はなにかという問いに答えることはできません。ここからわたしは日本とのかかわりという観点を，それゆえ近現代史を重視するようになりました。つまり，世界史教育は，日本とのかかわりのなりたちを説明することにより，国際理解教育の柱として機能するはずだ，ということです。もっとも，このような立場にたつと，アフリカ史などを学ぶ動機づけが困難になります。

この事例で言及され，そしておそらくは懸念されているのは，「つなぐこと」と「くらべること」は具体的な方策の次元で相矛盾する営為なのではないかということである。両者は両立しがたいのであり，そうである以上，どちらをどのように優先すればよいかは，まさに実践的な問題としてたちあら

われる。

　さらにまた，問題は実践的な次元だけではなく，論理的な次元にもかかわっている。因果関係などに着目しながら史実と史実をつなぎ，あるいは過去と現在をつないでゆけば，歴史は，いま，ここに存在する自分につながってゆく。そして，このつながりにもとづいて思考力と興味関心がもたらされることが期待できる。その意味で「つなぐこと」はたしかに重要である。

　しかし，それだけでは，つまりつなぐ論理をもちいただけでは，ぼくらの視野からこぼれおちてしまうものがある。いま，ここに存在する自分とつながっていることが想像しにくい，時間上も空間上もはるかに遠い存在，つまり語の真の意味での他者である。つなぐ論理は他者に届くのだろうか。

　ところで他者といえば，それはくらべるという営為の果てに理解にいたることが期待されている存在だった。そして「くらべること」の目的は，この他者理解にある。そうだとすると，つなぐ論理はくらべる論理と相矛盾しないだろうか。

世界システム論と社会史学

　ここでは「つなぐこと」と「くらべること」の関係についてもうすこし考えるべく，世界システム論と社会史学を高校世界史教育に導入することに対してインタビュー調査記録でどのような評価がなされているかを検討しておきたい。

　「つなぐこと」と「くらべること」の関係がとくに大きな問題となるのは，1989年版『学習指導要領』で導入された世界史Aにおいてである。原田智仁によれば，この『要領』では，世界史Aについて，時間的な制約（2単位）などの理由により，きわめて特徴的なアプローチが（とくに前近代史について）採用されている。すなわち，通史的な教育を否定すること，接触や交流による「共時的な世界史把握」［原田ｃ　17頁］をうながすこと，そして時間や空間の多層性を強調することによってものごとを相対化してとらえる認識法を身につけさせることである。世界史Aでは時系列的に「つなぐこと」よりも同時代的に「つなぐこと」が重視され，そのうえで「つなぐこと」一般よりも「くらべること」が重視されている［有田も参照］。「つなぐこと」と「くらべること」は矛盾なく並存しうるとはかぎらないという判断から，両者の関係は後者に有利な方向に整序されているのである。

そして，この世界史Aの設計および実践に対して大きな影響をあたえた歴史理論(あるいはアプローチ)はなにか，といえば，それは世界システム論であり，そして社会史学である。それゆえ，両者に対する評価を分析すれば，「つなぐこと」と「くらべること」の関係をいかにとらえればよいかについて，なんらかの示唆を得ることが期待できる。以下では，この点に即してインタビュー調査記録を分析する。

世界システム論という方法

　まず世界システム論に対する評価からみよう。ここでいう世界システム論とは，1970年代にイマニュエル・ウォーラーステインが提唱し，1980年代から日本でも人口に膾炙することになった所説である。
　世界システム論の特徴は，なによりもまず，とくに大航海時代以後の歴史を世界というシステムの自己展開のプロセスとしてえがきだす方法論的総体主義にある。「唯一の社会システムは世界システム」［ウォーラーステイン 上巻9頁］なのである。この立場からすれば，歴史の主体にして歴史学の分析対象たるべきは，あれこれの国家や地域や，あるいは個人などではなく，この世界システムでなければならない。
　そしてまた，方法論的総体主義からすると，あれこれの地域や国家が時系列的にどう変化したかを問う，いわゆるタテの歴史よりも，ある時点や時代や世紀において国家と国家が，あるいは地域と地域がどのような関係をとりむすんでいたかを明らかにする，いわゆるヨコの歴史のほうが重視されなければならない。

世界システム論と歴史教育

　それでは，この歴史理論はいかに歴史教育に導入しうるか。あるいはまた，歴史教育の目的にとっていかに有益でありうるか。この点にかかわる先行研究を，社会科教育学の領域について簡単にみておこう。
　森分孝治たちは，タテの歴史を教える授業を，往々にして史実と史実を単調につなぐにすぎず，また各国史の単なる集積にとどまりがちであると批判する。これでは「子供たちが時代をつかみ取ることは困難である」し，彼(女)たちの興味関心をひくこともむずかしいだろう。タテの歴史を教える授業に欠けているのは「世界を大きくとらえるような理論」［森分他 43頁］である。

こう考えたうえで，森分たちは「世界を大きくとらえるような理論」たりうるものとして世界システム論に着目する。

あるいはまた森才三は「科学的な社会認識」を育成するべき歴史教育は「価値教育」を排除するべきであり，そういった性格をもつ歴史教育は「完全無欠の必然性を誇る客観的な理論」ではなく「一つのものの見方・考え方」たる「射程距離のもっと短い理論」を利用し，依拠するべきであると主張する。歴史を語るにあたっては，「現代の情勢についての認識」を基軸として，複数の「射程距離のもっと短い理論」をかさねあわせ，くみあわせて利用しなければならない。彼は「現代の情勢についての認識」からみて重要な「射程距離のもっと短い理論」の例として世界システム論をあげ，それにもとづいた歴史教育を構想する［森 92-93頁］。

これら先行研究によれば，世界システム論は，歴史教育の目的たる思考力を育成するためにも，そしてまた歴史に対する興味関心を喚起するためにも有益である。それは，タテの歴史つまり史実の時系列的な連接よりも，ヨコの歴史つまり史実と史実の同時代的なつながりを明らかにすることを重視し，あるいはまたアクチュアルな問題関心から史実に接近するべきことを説く理論として，たかく評価されている。

世界システム論は重要である

インタビュー調査記録をみると，そこからうかびあがるのは，まずもって「重要な歴史理論」という世界システム論のイメージである。多くの事例において世界システム論は，南北問題をはじめとするアクチュアルな問題に歴史を連接し，あるいはヨコの歴史を語ることを可能にする点で，歴史教育にとって重要であるとみなされている。

> 15 通史だけではヨコのつながりがみえてこないし，またグローバルな関係はかなり以前からあったはずなので，この点では有益だと思います。同時代史的にみると新しい発見があるという場合もあります。また，単なる年代記的な授業だけではおもしろくなくなるので，アプローチを多様化できるという点でも有意義だと思います。

> 28 世界を解釈する方法として有益だと思います。また，世界はつながっているという意識をあたえることができるので，教えやすいと思います。いまの時代を理解する際にも利用できますし。

> 39 地域間の同時代的関係は大切だし，システムを明らかにすることによってはじめてみえてくるものもあるので，もっと歴史教育に導入されるべきだと思います。
> 47 現代の問題を考える切り口を示しており，有益だと思います……。19世紀のアジアのおける民衆運動がほぼ同時代におこっていることなど，特定のポイントを説明する際には大切だし有効だと思います。

世界システム論はヨーロッパ中心主義的である

　もっとも，重要だからといって，ただちに授業で利用するべきであるということにはならない。多くの事例には，世界システム論を授業に導入することに対するためらいがみてとれる。その理由としてあげられているのは，まず同論がヨーロッパ中心主義的であるということである。

　世界システム論の提唱者ウォラーステインは，そもそもはアフリカ現代政治の専門家だったが，第二次世界大戦後いつまでたってもアフリカ諸国の自立が成らない理由を求めるうちに「唯一の社会システムは世界システム」であるという発想にたどりついた。また，世界システム論に大きな影響をあたえた新従属学派開発経済学は，おもにラテン・アメリカ諸国が低開発の状態にとどまっている理由を，貿易において国際不等価交換という一種の搾取メカニズムがはたらいていることに求めた。それゆえ世界システム論の土台には，先進地域たる欧米がそれ以外の後進地域をなんらかのかたちで，しかも強固に支配するというイメージがある。

　これを，欧米による支配の永続性を唱えてヨーロッパ中心主義を補強したとみるべきか。それとも，後進地域の後進性がうみだされるメカニズムを白日のもとにさらしてヨーロッパ中心主義を相対化したとみるべきか。判断はなかなかむずかしい（し，ウォラーステイン自身の立場は明確に後者である）が，前者のように理解される危険はないだろうか。そして，世界システム論によって補強されたヨーロッパ中心主義というスタンスに拠りつつアジア，アフリカ，ラテン・アメリカといった他者を理解することはなかなか困難にちがいない。教員たちのためらいは，そのような認識を反映しているように思われる。

> 3 地域間のつながりを強調する際に使えるので必要だと思います。ただし，ヨーロッパ中心史観になりがちなので，気をつける必要があります。

4 各地域の歴史を大きな枠組みのなかに位置づける際に役立つので，有益だし，授業で利用しやすいと思います。大まかなところでマクロな同時代史をとらえ，ついでミクロな地域史にはいる，というパターンをとればよいのではないか，と思います。ただし，支配従属関係が一面的に強調されるという危険もあることに留意するべきです。

9 一つのとらえかたなり世界観としては，あってもよいと思います。ただし，ウォラーステインの理論については，アジアをとらえきれておらず，ヨーロッパ中心史観にとどまっているように思います。これに対してグンダー・フランク『リオリエント』は，逆にアジア中心史観を強調しすぎることになってしまっているように思います。

46 西洋中心主義的で，オスマン帝国，ティムールやムガール帝国，イスラムといった点が軽視される危険があります。従属する側の話をどうとりいれればよいか，生徒に教えるときにはけっこうむずかしい問題です。

世界システム論はむずかしい

ただし，授業への導入をためらわせる最大の理由は，そのヨーロッパ中心主義的なイメージにあるわけではない。問題は，たいていの生徒にとって世界システム論はわかりにくいということにある。

そもそも，ヨコの歴史とか地域と地域の同時代的なつながりとかいったものをイメージすることはなかなかむずかしい。そのことは，高校生だけではなく，ぼくらすべてにあてはまるはずである。それは，歴史とは時系列的な史実のつながりであるという先入観が強いからかもしれないし，そもそもヨコのつながりは的確にとらえがたいものだからかもしれないし，複数の地域を一望するには複数の視角が必要だからかもしれないし，あるいはまたぼくらの知識がたりないからかもしれない。

11 世界システム論については，たとえば，「大西洋革命」という概念にもとづいてアメリカ独立革命とフランス革命の関係を説明するなど，利用できるのではないでしょうか。ただし，世界システム論は同時代的な地域間のつながりを重視しますから，複眼で事象をとらえる視点が必要になります。したがって，相当量の知識を必要とするので，生徒にとってはむずかしいかもしれません。

13 多様な視点を提示するうえで重要だと思います。ただし，生徒の多くが

理解できるかというと、ちょっとむずかしいと思います。ヨコのつながりを理解できる生徒は、けっして多くはありません。

34 自分もあまり関心がないということもありますが、生徒が理解しにくいという印象をもっています。世界システム論は地域間の同時代的なつながりを重視しますが、この、いわばヨコのつながりを理解することは、生徒にはなかなか困難です。やはり各地域や各国の、いわばタテの通史が基本であり、ヨコの歴史はそのあとに説明されるべきものだと思います。ひととおりの知識を得たあとであれば、世界システム論に対しても「なるほど」と思うかもしれませんが。

40 うまく授業に導入するのはなかなか困難です。システム論を授業にくみこむ際は地域間の同時代的なつながりを重視しようとするのですが、生徒にはなかなかイメージがわかないようです。おそらく授業内容の全体を再構築する必要があるのでしょうが、まだ試行錯誤の段階です。

44 咀嚼するにはある程度の知識が必要なので、生徒たちにはむずかしいと思います。以前、ネットワーク論についてテーマ学習をしたことがあるのですが、生徒たちの評判はあまりよくありませんでした。地域と地域あるいは地域の内部をつないで理解する際には有益だと思うのですが。

世界システム論のポテンシャル

ただし、だからといって教育の現場において世界システム論は無視できるか、無視するべきか、といえば、それはそうではない。同論には「つなぐこと」と「くらべること」という2つの営為を連接しうるポテンシャルがはらまれているからである。

そもそも世界システム論はヨコの歴史と等置されるべきものではない。それは、くりかえしになるが、世界システムの総体の歴史をえがきだそうとする試みである。

46 システムも大切でしょうが、まずは史実を教えるべきだと思います。そう考えると、世界システム論を教えるのは大学でもよいのかもしれません。もっというと、世界システム論やネットワーク論では「システム」や「ネットワーク」が所与のものになり、逆に歴史の流れがとぎれてしまう危険があります。これは本末転倒です。

それゆえ、世界システム論を援用して世界史をたどる際は、ヨコの歴史を

終章　歴史の語りかた

構築するのみならず，それをタテの歴史とくみあわせつつ語ることが必要になる。しかし，タテの歴史とヨコの歴史をくみあわせるというのは，たとえ生徒でなくともなかなか大変な作業になることが予想される。

> 8 世界システム論については，生徒にはわかりにくいように思います。それには，教科書の基本的な知識をこえた知識を必要とする，地域間の同時代的なヨコのつながりが理解しにくい，世界が有機的につながって動いていることが実感できない，といった，いくつかの理由があります。生徒は時系列的なタテのつながりについてはかなり理解できますが，世界史はタテとヨコのつながりのなかで理解しなければなりません。それは，生徒にとってはなかなか困難です。

> 16 交流，ネットワーク，文化圏などにかかわる部分は，とくに力をいれているわけではありませんが，時間がかかってしまいます。私は疑問をもつことが大切だと考え，生徒に「なぜか」と考えさせることを心がけていますが，交流，ネットワーク，文化圏にかかわる事柄は，さまざまな史実とつながるため，必然的に時間がかかってしまいます。たとえ同時代史にせよ何にせよ，ある時代のことがわかるためには，その前の時代のことがわかる必要があります。

ただし，ぼくらにとって重要なのは，世界システム論が想定する世界システムには世界のすべてが，したがって当然ながら他者もまた含まれているということである。ぼくらも，他者も，ともに歴史の主体にして歴史学の分析対象たる世界システムの構成要素なのである。そしてまた世界システムとて，いうまでもなく時系列的に変化してゆく。

したがって，他者を包含しながら変化する世界システムを語るとは，みずからを語り，みずからとくらべて他者を確定し，その他者を語り，みずからと他者の関係を語り，みずからの異時点間のありさまをつなげて時系列的な変化をたどり，他者の異時点間のありさまをつなげてたどり，みずからと他者の異時点間のありさまをつなげてたどることにほかならない。世界システム論を適切に利用できれば「つなぐこと」と「くらべること」，ひいては時系列をたどることと他者を理解することという歴史教育の2つの目的は，双方ともに，そして同時に実現しうるはずである。

歴史は他者を含みながら時系列的にすすみゆく。世界システム論はそのような歴史のイメージを示唆している。かくイメージされる歴史を学ぶには

「つなぐこと」と「くらべること」が有効だろう。また，このような性格をもつ歴史を学ぶことは歴史教育の目的たる思考力の育成に役立つにちがいない。

社会史学という方法

　つぎに社会史学である。提唱者まで判明している世界システム論と異なり，この歴史理論(あるいはアプローチ)については明確な定義が存在しない。ただし，通説によれば，社会史学は大別して3つの学派からなる。ドイツの社会構造史学派，イギリスの社会史学派，そしてフランスのアナール学派である。

　日本についてみると，人口に膾炙し，そしてまた高校世界史教育にも影響をあたえているのはこのうち後2者である。まずイギリス社会史学派は，文化的マルクス主義の影響をうけつつ，日常生活をめぐる社会経済構造の分析を(ただし政治や文化や思想などの次元を無視することなく)重視し，また支配階層ではなく民衆の動向や生活に着目する。すなわち，いわば二重の意味で「下からの歴史」を研究するべきことを唱道する。この，二重の意味における「下からの歴史」アプローチは，しばしば「民衆生活史」とよばれている。ちなみに同派を代表する歴史家はだれかといえば，それはエドワード・トムソンである。

　つぎにアナール学派は，20世紀前半のフランスで，2人の歴史家リュシアン・フェーヴルとマルク・ブロックが雑誌『年報(アナール)』を創刊したときにうまれたといってよいだろう。かなり乱暴に要約すると，同派の歴史は4つの段階に区別できる。第1段階では，フェーヴルとブロックたちが，イギリス社会史学派とほぼ同じ，二重の意味で「下からの歴史」を唱道した。第二次世界大戦後に始まる第2段階では，フェルナン・ブローデルたちが，政治，経済，環境，文化，思想，社会など，歴史のすべての次元を包括的に分析する，いわゆる「全体史」アプローチを提唱した。1970年代になると，文化人類学などの影響のもとに，人間の心性を分析する「心性史」アプローチが重視されるようになった。これが第3段階である。さらに，世紀末にいたってそれ以外のさまざまなアプローチが提示され，アナール学派は百花繚乱の時代たる第4段階をむかえている。このうち日本における高校世界史教育に大きなインパクトをあたえてきたのは，第3段階の「心性史」アプローチ

である。

　まとめると，日本における高校世界史教育をめぐって社会史学の導入が叫ばれる場合，たいていは，民衆の社会経済的な日常生活を分析する民衆生活史，過去を生きた人びとの心のありようを探求する心性史，この2つのアプローチが想定されている。

社会史学と歴史教育
　それでは，この歴史理論はいかに歴史教育に導入しうるか。あるいはまた，歴史教育の目的にとっていかに有益でありうるか。この点にかかわる先行研究を，社会科教育学の領域について簡単にみておこう。

　先行研究としてまず参照するべきは，アメリカ合衆国で作成されてきたさまざまなカリキュラムを分析しつつ，社会史学にもとづく歴史教育がもちうる意義を考察した梅津正美の所説である。

　彼によれば，従来の歴史教育には，支配階層の活動を重視する，国家の発展に寄与した史実が強調される，国家の単線的な発展が想定されている，という特徴がある。そこから，生徒の身近なものに感じられない，生徒の価値観をコントロールする方向にはたらく，史実の理解が至上目的となる，というデメリットが生じる。これに対して社会史学は，民衆の活動を重視する，民衆の日常生活と社会や国家との関係が強調される，という特徴をもつ。そこから，歴史が身近なものに感じられる，特定の価値観を強制しない，現代社会の理解につながる，というメリットが生じる。

　このように従来の歴史教育と社会史学とを対置したうえで，梅津は「社会史の視角・方法は，歴史教育内容改革の理論的・実践的な枠組になるものと考えられる」[梅津 1頁]と結論する。社会史学は，単に歴史研究だけにとどまらず，歴史教育に対しても大きなインパクトをもちうる，というわけである。

　社会史学に対する高い評価は他の社会科教育学者にもひろく共有されている。たとえば原田智仁は，生徒の興味関心を惹起するべく，社会史学の研究成果にもとづいた具体的な授業プランを作成している[原田a，原田b]。また鈴木哲雄は，とくに民衆生活史的な社会史学について，それは「歴史教育の場から求められている視角」[鈴木哲雄 21頁]であると評価している。

社会史学の意義をめぐる2つの立場

　教員インタビュー調査記録では，社会史学に対しては概して高い評価があたえられている。なお，そこで言及されているのは，民衆生活史と心性史という2つのアプローチのうち，おもに前者である。

　ただしなによりも興味深いのは，歴史教育に対する社会史学の意義をめぐって，かならずしも相互に整合的とはいいがたい2つの立場が並存していることである。

　第1の立場は，社会史学の研究成果がぼくらとはかなり異なる時空間に存在していた人びとの生活のありさまを明らかにしてきたことを重視する。この立場からすれば，社会史学を援用することによって歴史教育は他者に関する認識を深化させることに貢献できる。

　この立場にあっては，民衆生活史的な社会史学の重要性は，いま，ここに生きているぼくらとはおおきく異なる生活のありかたを提示していることに見出される。それは，これまでの歴史において他者が存在していたことを知り，彼（女）たちを理解し，自己とくらべ，さらには自己を相対化する可能性を提供する。社会史的なアプローチは，歴史教育が「くらべること」の機会を提供することに貢献しうるのである。

　1 社会史については，生徒は衣食住の歴史に関心をもっていますから，役に立つと思います……。それは，現在の衣食住と比較することが容易だからでしょう。もっとも，現在を基準にして昔をみるのは，昔には昔の価値観があるということを見落としがちになりますから，危険もあるとは思います。

　4 社会史については，やったほうがよいとは思います。それは，自分の身のまわりのことを相対化し，いまの感覚ではおかしなことでも，その時代の文脈のなかではうけいれられていた，ということを実感させられるからです。ただし，政治史をはじめとする他の部分とつなげにくいので，使いにくいという印象があります。

　15 シャリヴァリや魔女狩りは生徒の関心をひきます……。衛生状態やにおいなど，いまとのちがいも身体的に理解できるからです。

　31 時代によって生活は大きくかわってきたことを伝えることができるので，生徒の興味関心を惹起するのに有用だと思います。

　37 生徒たちは食生活その他に関心をもっているので，有益だと思います。

また，さまざまなタイプの日常生活にふれることにより，異文化についての無知がぬぐいさられることも期待できます。

つぎに，第2の立場は，民衆生活史的な社会史学が論じてきたテーマはぼくらにとって身近なものであり，それゆえ興味関心をひきやすいということを強調する。この立場からすれば，社会史学を援用した歴史教育はなによりもまず生徒の興味関心をひきやすいという点で評価されるべきものになる。民衆生活史的な社会史学の重要性は，遠い時空間に属する史実をぼくらがくらす時空間に「つなぐこと」を可能にすることに見出される。社会史的なアプローチは，歴史教育が「つなぐこと」を試みる機会を提供することに貢献しうるのである。

6社会史については，生徒の興味をひくと思います。すでに教科書にでていますが，生徒の反応は良好です。いつの時代も，衣食住は人びとの生活の中枢にあるからだと思います。

9衣食住など生徒の身近なものから始めると彼らも興味をもつようで，食いつきはよいです。現存するものの背景にある歴史をとらえることは大切だと思います。つまり，日常生活史については，現実感がともなうため，世界史を考えるとっかかりになると思います。ただし，教科書における日常生活史の記述は十分ではありません。

社会史学のポテンシャル

さらにまた，第1の立場が重視する「くらべること」と，第2の立場が重視する「つなぐこと」のあいだの関係については，いくつかの事例では，民衆生活史的な社会史学を援用すれば両者は整合的に実現しうるという評価があたえられている。そこでは，2つの立場は相矛盾するのではなくシームレスに並存していると考えられている。

17授業でも「魔女裁判」や「ハーメルンの笛吹き男」をとりあげています。社会史の意義は，第1に，民衆の次元で歴史をとらえることに役立つことにあります。ただし，授業の中心は政治史です。第2に，生徒は興味をもっています。とくに，現代とのちがいはあるか，あるとすればなにか，その背景はなにか，現代とつながっているか否か，その理由はなにか，といった，現代との関連を前面にだして説明すると，イメージしやすいので，関心をもつようです。

|27|社会史については，身近なものに対する関心から普遍的な世界，つまり異文化を理解するとともに文化の普遍性を確認するというスタンスにつなげる視点として，有益です。日々のいとなみがどう変化したかも，重要な歴史だと思います。

|25|社会史については，役に立つと思います。第1に，かつての民衆の生活を理解させることは，生徒の追体験の幅を広げます。第2に，生徒にとって，社会史にかかわる史実は，自分の経験と関連づけることが容易です。ですから，彼らも興味をもっています。これに対して，政治史は，生徒にとっては身近に感じられるものではありません。

これらの事例によれば，時系列あるいは因果関係にもとづいて思考することと，他者を理解することという歴史教育の2つの目的は，社会史学が提示するアプローチを導入することによって同時に達成しうる。そして，そのために必要なのは，なによりもまず現在の自分たちの具体的な経験から出発することだろう。これはつまり，みずからの経験から出発し，それと関連づけうる史実を「つなぐこと」という方法をもちいて理解し，ついでみずからの経験と関連づけることが困難な史実については「くらべること」という方法をもちいて異同を確定する，ということである。

ここで想起されるのは，アナール学派の創始者ブロックがかつて提示した，いわゆる遡行的アプローチである。彼は，みずからの眼前に広がるフランス農村の特徴を探るべく，その歴史を分析した。そして，この課題にとりくむに際して，現在から近しい過去へ，近しい過去からより遠い過去へと「時の流れを逆の方向にたどってゆこう」というアプローチを採用し，「歴史を逆に読まなければならない」ことを強調した[ブロック 12, 19頁]。これが遡行的アプローチである。ちなみに，文脈は異なるが，このアプローチに明確にふれている事例があるので，ここで引用しておきたい。

|6|史実の記憶と判断力の育成は，現在の高校現場では対立しています。教科書や『学習指導要領』に問題があると思います。ただし，本来は両者は対立するべきではありません。両者は，現代からさかのぼる歴史としてのテーマ史というアプローチによって整合的にとらえられると思います。つまり，現代の問題をさかのぼったときにいたる史実は，これが基本的な史実だと思いますが，記憶させるべきですが，他方で現代からさかのぼる歴史を学べば判断力は育成できる，ということです。

歴史の語りかた

　それでは，歴史はいかに語られるべきか。

　みずからが語る歴史の聞き手を見出し，あるいは獲得するには，潜在的な聞き手の興味関心を喚起することが不可欠である。本書における分析から得られた知見によれば，そのためには「つなぐこと」と「くらべること」が有効である。また，歴史を聞くことには，時系列や因果関係に着目して思考できるようになることと，他者を理解できるようになることという２つの便益がある。聞き手を獲得する際に，あるいはまた獲得した聞き手に対して，こういった便益の存在について論じることもまた（有効である，というよりは）必要である。ヒストリアンが歴史を語る際は，こういった点を念頭におくべきではなかろうか。

　もちろん，歴史を語るにあたって絶対にこれらのことを念頭におかなければならないか，といえば，そのようなことはないだろう。ただし，すぐれた歴史の語り手たる高校教員たちは，こういったことを念頭におきながら世界史の授業にのぞんでいる。そして，彼（女）たちがつみかさねてきた経験は，単に学校教育にとどまらず，ひろく知識を伝達するという営為に対して幾多の示唆をあたえている。なぜなら，彼（女）たちは聞き手に声を届かせることができるヒストリアンだからである。また，多くのヒストリアンにとって，歴史を学ぶといういとなみは「語る」という行為を含むし，せっかく「語る」のであれば聞き手に声を届かせるべきだからである。

　それゆえ，ぼくらは彼（女）たちの日常的な実践から多くを学ばなければならない——ぼくはそう思う。皆さんはどうだろうか。

付　表

表1-1　大学生アンケート概要

大学名	学部名	講義名	日　時	回答者数
北海道	経済	経済史	2003年5月	208
東北	経済	経済史入門	2002年10月	183
東京都立	経済	西洋経済史	2003年10月	67
横浜国立	経済	経済史	2003年6月	24
立命館	経済	西洋経済史・ヨーロッパ経済史	2003年10月	92
大阪	経済	日本経営史	2003年10月	269
九州	経済	西洋経済史	2003年10月	60
			合計	903

表1-2　コメントがよせられ，また氏名・高等学校名が判明した教員の地理的分布(人)

(　)内は，そのうちインタビュー調査を実施した教員の数。

都道府県名	人数									
北海道	14(10)	福島	2(1)	静岡	2(0)	大坂	12(6)	香川	1(0)
青森	1(1)	茨城	2(2)	愛知	1(1)	兵庫	8(6)	福岡	3(2)
岩手	2(2)	栃木	3(3)	岐阜	1(1)	鳥取	1(1)	佐賀	1(1)
宮城	4(3)	千葉	1(1)	滋賀	1(1)	島根	1(1)	熊本	2(2)
秋田	2(0)	東京	3(3)	京都	1(0)	岡山	3(2)	宮崎	1(1)
		神奈川	1(0)					合計	74(51)

表1-3　大学生アンケート結果・「優れている点」

・授業内容にかかわるもの

判断根拠	頻度								
おもしろい話	26	エピソード	24	わかりやすさ	11	ストーリー性	11
まとまり	9	詳細性	8	受験勉強	6	意味・ロマン・洞察	5	体験談	5
要点	3	現代性	1						

・授業方法にかかわるもの

判断根拠	頻度								
配布資料	16	視聴覚教材	8	板書	7	作業・質疑応答	4
語り口	4	課外活動	4	本の紹介	3	歌	2		

・教員の資質にかかわるもの

判断根拠	頻度						
熱意・情熱	17	博学	12	人間性	10

表1-4 大学生アンケート結果・項目間の点相関分析

	まとまり	詳細性	わかりやすさ	板書	配布資料	受験勉強	視聴覚教材	作業・質疑応答	意味・ロマン・洞察	語り口
まとまり	1									
詳細性	0.049509	1								
わかりやすさ	−0.09213	0.029478	1							
板書	0.198153	−0.06772	0.042873	1						
配布資料	−0.02055	0.09012	0.298712	0.110116	1					
受験勉強	−0.06651	0.091027	0.05847	−0.05812	0.133685	1				
視聴覚教材	−0.07749	−0.07273	−0.08647	−0.06772	−0.00834	−0.06242	1			
作業・質疑応答	−0.05383	−0.05052	0.423147	0.151199	0.062597	−0.04336	−0.05052	1		
意味・ロマン・洞察	−0.06044	−0.05673	−0.06745	−0.05282	−0.08331	−0.04869	0.110619	−0.0394	1	
語り口	−0.05383	−0.05052	−0.06006	−0.04704	0.062597	−0.04336	−0.05052	−0.03509	−0.0394	1
現代性	−0.02657	−0.02493	−0.02964	−0.02322	−0.03662	−0.0214	−0.02493	−0.01732	−0.01945	−0.01732
ストーリー性	0.017682	0.029478	−0.00255	0.042873	−0.12699	0.05847	0.029478	−0.06006	0.077255	−0.06006
おもしろい話	−0.07573	−0.06203	−0.17045	−0.04694	−0.21055	−0.02997	−0.14336	−0.09958	−0.11182	−0.09958
熱意・情熱	−0.11789	−0.11064	−0.04854	−0.10303	−0.092	−0.09496	0.17735	−0.07685	0.033505	0.056507
人間性	0.027203	0.038979	0.007096	−0.07641	−0.12052	−0.07043	−0.08206	−0.057	−0.06401	−0.057
エピソード	0.013444	−0.13627	−0.01718	−0.03777	−0.13863	0.170555	0.031228	0.138031	−0.10629	0.021691
体験談	−0.06044	−0.05673	−0.06745	−0.05282	0.039573	−0.04869	0.277965	−0.0394	−0.04425	−0.0394
課外活動	−0.05383	−0.05052	0.101009	−0.04704	0.062597	0.169809	0.322037	−0.03509	−0.0394	−0.03509
博学	0.114586	−0.09074	0.084997	−0.08449	−0.13326	−0.07788	0.020794	0.091912	−0.07078	−0.06303
本の紹介	−0.04641	−0.04356	0.133389	−0.04056	0.093289	−0.03738	−0.04356	−0.03025	−0.03397	−0.03025
歌	−0.03773	−0.03541	−0.0421	−0.03297	−0.05201	−0.03039	−0.03541	−0.0246	−0.02762	−0.0246
要点	0.156422	−0.04356	−0.05179	−0.04056	−0.06397	−0.03738	−0.04356	−0.03025	−0.03397	−0.03025

付　表

	現代性	ストーリー性	おもしろい話	熱意・情熱	人間性	エピソード	体験談	課外活動	博学	本の紹介	歌	要点
	1											
	-0.02964	1										
	-0.04915	-0.10012	1									
	-0.03793	-0.04854	-0.15987	1								
	-0.02813	-0.09756	-0.01493	0.13512	1							
	-0.04671	0.055231	-0.06543	-0.08739	-0.07816	1						
	-0.01945	-0.06745	-0.01032	-0.0863	0.087051	-0.00177	1					
	-0.01732	0.101009	-0.09958	0.056507	-0.057	0.021691	0.193072	1				
	-0.03111	-0.10788	0.091727	0.021653	-0.00171	0.038961	-0.07078	-0.06303	1			
	-0.01493	0.133389	-0.08586	-0.06626	-0.04915	-0.08161	-0.03397	-0.03025	-0.05434	1		
	-0.01214	-0.0421	0.088597	-0.05387	-0.03996	-0.06635	-0.02762	-0.0246	-0.04418	0.395881	1	
	-0.01493	-0.05179	0.044032	-0.06626	-0.04915	-0.08161	-0.03397	-0.03025	-0.05434	-0.02609	-0.02121	1

表1-5　大学生アンケート結果・項目間の点相関分析のカイ二乗検定
＊：危険率5％　　＊＊：同1％　　＊＊＊：同0.1％

	まとまり	わかりやすさ	板書	配布資料	視聴覚教材	作業・質疑応答	おもしろい話	体験談	課外活動	本の紹介	歌
まとまり			＊								
わかりやすさ				＊＊			＊＊＊				
板書	＊										
配布資料		＊＊					＊				
視聴覚教材								＊＊	＊＊＊		
作業・質疑応答		＊＊＊									
おもしろい話				＊							
体験談					＊＊					＊	
課外活動					＊＊＊			＊			
本の紹介											＊＊＊
歌										＊＊＊	

付　表

表 2-1　高校教員アンケート項目

設問の略称	設　問
第 1 の分野　授業の準備	
教科書満足	使用している教科書に満足していますか
参考書使用	参考書を使用していますか
プリント	プリントを作成していますか
教科書重視	教科書や参考書の利用を重視していますか
AV 教材	視聴覚教材の利用に生徒は関心をもっていますか
雑誌講読	歴史学・歴史教育関係の雑誌を講読していますか
準備負担	授業の準備の負担は大きいですか
専門書利用	授業の準備に際して(教科書・参考書・指導書以外の)歴史書や辞典類を利用していますか
研究会	校外の研究会や研修会などに参加していますか
日本史教員	校内の日本史担当教員と定期的に意見を交換する機会はありますか
第 2 の分野　「歴史教育」としての側面	
指導要領	『学習指導要領』を活用しながら授業をしていますか
科目名変化	「社会科」から「地理歴史科」にかわったことの影響はありますか
暗記重視	教科書の記述内容を記憶させることは重要だと思いますか
通史重視	地域の通史的な説明と，地域間の同時代的な関係では，前者のほうが重要だと思いますか
単位数	教科書の範囲は，規定の単位時間内でカバーできますか
近現代史	近現代史と前近代史では，前者のほうが重要だと思いますか
通史的構成	年間カリキュラムは通史的に組むべきだと思いますか
系統学習	系統学習と単元学習では，前者のほうが重要だと思いますか
詳細史実	教科書にない史実まで教えることは有益だと思いますか
時系列史	古代から現代にむけて年間カリキュラムを組むべきだと思いますか
第 3 の分野　「社会科教育」としての側面	
生きる力	世界史の授業と，「生きる力」や「新しい学力観」とは，かかわりがあると思いますか
中学校	中学校社会科の授業とのあいだに，なんらかのつながりはありますか
判断力養成	社会を担う公民に必要な判断力の育成に，世界史教育は貢献できると思いますか
判断力と暗記	判断力の育成と歴史的知識の教授とは，規定の授業時間内で両立すると思いますか

役に立つ	世界史を学ぶことは日常生活の役に立つと思いますか
公民教科	公民教科(政治経済,倫理,現代社会)と内容的につながりのある授業をするべきだと思いますか
主題学習	主題学習は重要だと思いますか
深く学ぶ	「深く学ぶ」ことと「広く学ぶこと」では,前者のほうが重要だと思いますか
知識と判断力	世界史教育の目的としては「歴史上の知識」よりも「判断力」のほうが重要だと思いますか
意　義	世界史を学ぶことの意義について授業で説明することは重要だと思いますか

第4の分野　教育方法

興味関心	授業案(シラバスなど)を構築する際に,生徒の興味関心のありかたを重視するべきだと思いますか
ふれあい	生徒とのコミュニケーション(質疑応答など)を重視するべきだと思いますか
作　業	自主的な調査や発表など,生徒の作業をとりいれることは有益だと思いますか
授業評価	生徒による授業評価(アンケートや意見聴取など,自主的なものを含む)は授業の改善に役に立つと思いますか
自発性喚起	「自発性をひきだす」ことと「教科書の内容(大学入試出題範囲)をカバーする」ことでは,前者のほうが重要だと思いますか
教えかた	教えかたによって生徒の理解度はかわると思いますか
教育内容	生徒の理解度を左右するのは教育方法より教育内容だと思いますか
生徒関心	生徒は世界史に関心をもっていますか
授業公開	同僚に授業を公開すること(研究授業など)は,授業の改善に役に立つと思いますか
脱　線	生徒の興味をひくために脱線することは必要だと思いますか

第5の分野　コンセプト総合

中村哲	中村哲他『歴史はどう教えられているか』(NHKブックス)は,まず日本史,ついで東北アジア史,そのうえで世界史,というかたちで,身近な空間の歴史から遠い空間の歴史へと連続的に学習するという授業法を提唱しています。この提案に関心をもちますか
森分孝治	森分幸治『社会科授業構成の理論と方法』(明治図書出版)は,「いかに」よりも「なぜ」を重視する授業法を提唱しています。この提案に関心をもちますか
吉川幸男	吉川幸男「社会科学習活動としての読解」(『社会科研究』39)は,教科書にもとづいて史実を教授するのではなく,教科書の文章を吟味・批判す

	ることを重視する授業法を提唱しています。この提案に関心をもちますか
文化圏	かつて『学習指導要領』で強調されていた「文化圏」という概念は世界史教育の役に立つと思いますか
歴史学	世界史教育にとって，歴史学の動向は重要だと思いますか
教科書水準	教科書は歴史学の研究成果を反映していると思いますか
社会史	「民衆」の「日常生活」を重視する「社会史」的なアプローチに関心がありますか
梅津正美	梅津正美「社会史に基づく〈世界史〉の内容構成」(『社会科研究』38) や原田智仁「社会史研究に基づく歴史授業構成(1)」(『学校教育学研究』3) は，日常生活を重視する社会史的なアプローチは生徒の関心をひくはずだと主張し，このアプローチにもとづく授業法を提唱しています。この提案に関心をもちますか
システム論	16世紀以降の世界を一つのシステムとみなす「世界システム論」的なアプローチに関心がありますか
森分他	森分孝治他「中等社会科の教材開発」(『広島大学教育学部附属共同研究体制研究紀要』18) は，世界史を総体としてとらえるには「世界システム論」的なアプローチが有効だと主張し，このアプローチにもとづく授業法を提唱しています。この提案に関心をもちますか
第6の分野　高大連携	
高大連携	世界史教育において，高大連携はスムーズにいっていると思いますか
出前授業	大学教員による出前授業・単位互換制度などは有益だと思いますか
入試影響	大学入試は世界史教育に影響をあたえていると思いますか
入試評価	現行の大学入試は好ましいと思いますか
連携可能性	教育内容において，高校と大学で連携は可能だと思いますか

表2-2　高校教員アンケート結果・平均値と標準偏差

「まったく……ない」——1点　　「あまり……ない」——2点
「わりと……いる」——3点　　「とても……いる」——4点

設問の略称	平均	標準偏差	設問の略称	平均	標準偏差
教科書満足	2.55	0.61	知識と判断力	2.63	0.692
参考書使用	2.8	1.2	意　義	3.39	0.75
プリント	3.63	0.747	興味関心	3	0.721
教科書重視	2.82	0.888	ふれあい	3.37	0.774
AV教材	3.14	0.693	作　業	2.96	0.599
雑誌講読	2.33	0.973	授業評価	3.33	0.683
準備負担	2.57	0.878	自発性喚起	2.65	0.77
専門書利用	3.39	0.666	教えかた	3.75	0.483
研究会	2.29	0.944	教育内容	2.63	0.824
日本史教員	2.92	0.688	生徒関心	2.96	0.564
指導要領	1.75	0.595	授業公開	3.22	0.73
科目名変化	2.1	0.728	脱　線	3.27	0.75
暗記重視	2.65	0.844	中村哲	2.75	0.744
通史重視	2.47	0.612	森分孝治	3.33	0.554
単位数	1.24	0.513	吉川幸男	2.65	0.796
近現代史	3.1	0.728	文化圏	2.82	0.555
通史的構成	3.04	0.631	歴史学	3.06	0.676
系統学習	2.84	0.579	教科書水準	2.61	0.532
詳細史実	3.41	0.572	社会史	3.35	0.594
時系列史	3.08	0.744	梅津正美	3.04	0.692
生きる力	3.08	0.845	システム論	3.12	0.765
中学校	2.43	0.806	森分他	3	0.8
判断力養成	3.63	0.528	高大連携	1.67	0.589
判断力と暗記	2.33	0.792	出前授業	2.98	0.648
役に立つ	3.31	0.735	入試影響	3.63	0.631
公民教科	3.39	0.666	入試評価	2.02	0.616
主題学習	2.98	0.547	連携可能性	2.96	0.616
深く学ぶ	2.69	0.678	総平均	2.87	0.703

表2-3 高校教員アンケート結果・因子分析（回転後のデータ）

因子抽出法：主因子法　　回転法：カイザーの正規化をともなうバリマックス法
12回の反復で回転が収束した。

	因子						
	1	2	3	4	5	6	7
[1] 累積寄与率	7.367	14.132	20.079	25.826	31.459	36.699	41.784
[2] 因子負荷量							
自発性喚起	0.696	−0.015	0.050	−0.007	−0.155	−0.066	0.051
作　業	0.602	0.072	−0.019	0.250	0.032	−0.026	0.188
知識と判断力	0.596	0.057	−0.317	0.086	−0.089	0.084	−0.053
森分幸治	0.535	0.071	0.002	0.004	−0.059	0.067	−0.176
吉川幸男	0.519	0.004	0.045	−0.081	0.251	0.248	0.063
主題学習	0.454	0.095	0.163	0.350	−0.067	0.186	−0.090
歴史学	0.033	0.654	0.043	0.099	0.195	0.097	−0.176
研究会	0.144	0.626	0.150	0.050	0.029	0.310	0.149
専門書利用	−0.104	0.546	−0.236	0.015	0.031	−0.050	−0.191
社会史	0.102	0.515	0.181	0.032	0.037	0.098	0.109
日本史教員	−0.069	0.510	0.054	−0.052	0.316	0.098	−0.111
深く学ぶ	0.096	0.483	−0.104	−0.187	−0.199	−0.069	0.042
役に立つ	0.135	0.419	0.070	0.324	−0.161	0.055	0.071
雑誌講読	0.186	0.404	−0.065	0.385	−0.149	−0.199	−0.096
森分他	0.131	0.027	0.933	0.064	0.012	0.007	−0.073
システム論	−0.094	0.093	0.771	0.024	0.241	−0.106	0.123
教科書重視	−0.084	−0.138	0.321	0.479	−0.142	0.028	0.188
指導要領	0.231	0.002	0.285	0.471	0.125	−0.264	0.088
科目名変化	0.132	0.203	0.165	0.460	−0.075	−0.009	−0.180
生徒関心	−0.144	−0.036	0.119	0.437	0.091	0.181	0.019
通史的構成	−0.145	0.092	−0.098	0.096	0.595	0.054	0.122
教科書水準	−0.046	−0.024	0.076	0.055	0.511	0.052	−0.189
高大連携	0.011	0.203	0.120	0.150	0.502	−0.151	−0.033
近現代史	−0.032	0.051	−0.064	0.087	−0.487	0.065	−0.063
脱　線	0.079	0.194	−0.045	0.010	0.110	0.680	0.044
詳細史実	−0.278	0.165	0.096	−0.001	−0.351	0.592	0.203
授業評価	0.376	−0.029	−0.047	0.362	−0.033	0.586	−0.186
意　義	0.166	0.151	−0.100	0.311	−0.189	0.438	0.062
時系列史	0.015	−0.280	0.097	0.324	0.327	0.404	−0.088
教育内容	0.068	0.200	0.019	0.307	−0.006	0.086	−0.728
通史重視	−0.223	0.285	−0.200	0.298	0.058	0.109	0.594
AV教材	0.260	−0.197	0.170	−0.014	−0.281	0.036	0.527
中学校	0.038	0.007	0.386	0.120	0.117	0.180	0.446
入試評価	−0.234	0.039	0.182	−0.278	0.281	−0.072	0.394
梅津正美	0.362	0.280	0.065	0.118	−0.027	−0.031	0.293
参考書使用	−0.339	−0.245	−0.053	0.234	−0.072	0.070	0.250
教科書満足	0.048	0.081	0.038	0.062	0.230	−0.173	0.159
文化圏	0.087	0.009	−0.146	0.251	0.100	0.053	0.082
判断力と暗記	−0.203	0.241	0.292	0.155	−0.009	0.127	0.076
準備負担	−0.319	0.023	−0.062	−0.008	0.374	0.195	0.060
系統学習	−0.006	0.055	−0.179	0.344	0.071	0.085	−0.072
出前授業	0.236	−0.028	0.217	0.385	0.244	0.081	−0.089
中村哲	0.246	0.106	0.289	0.179	0.386	0.379	−0.119

表 2-4　教員の因子得点

重要因子の因子得点は網掛けして表示してある。

事例番号	思考力育成	授業準備	システム論	教育政策	史実説明	興味関心	その他
1	−0.01730	0.35402	0.25764	0.62864	0.61044	−0.30077	0.22875
2	0.47469	1.07457	1.10307	0.57611	−0.07390	1.20519	1.07124
3	0.87330	−0.28144	−0.46718	0.02734	−1.29271	0.20407	1.42425
4	0.21289	−0.67445	0.44865	−1.51542	0.10525	1.35349	−0.30782
5	0.52176	−0.47024	−0.22788	−1.27249	1.26587	−2.46924	−0.18661
6	1.52306	2.05522	−2.94578	0.90971	−0.90907	0.35782	−1.33838
7	−1.96272	−1.30009	0.02154	1.52372	−2.39986	0.41514	−1.77239
8	0.31872	1.22280	1.29426	0.21568	0.84931	0.83374	−0.18229
9	0.14473	0.27298	0.10918	0.77764	0.10487	−0.97654	−0.77648
10	0.17289	0.28143	−0.27546	0.92623	0.90604	0.21443	−0.53662
11	−0.74227	−1.25525	−0.46718	−1.88932	1.66646	−0.11613	−0.98163
12	1.52382	−0.76638	−2.55768	−0.20036	0.39711	−0.69525	−0.09734
13	0.08063	−0.07967	1.37788	1.11804	−0.33327	−0.33376	1.13552
14	−0.65255	−0.08900	0.27827	−0.21109	−0.34005	0.40110	−0.02703
15	−0.13611	−0.94959	0.34378	−0.25476	0.28570	−0.75980	−0.17954
16	0.85081	−0.44209	0.67893	−0.54989	0.45118	0.43798	−0.91312
17	−0.53369	0.09515	−0.05150	0.28465	0.31646	0.94921	−0.97920
18	−0.01680	1.58625	0.02709	−0.23414	0.33068	1.48560	−1.57354
19	−0.88676	0.30519	0.13185	−0.68883	0.42044	0.62429	1.37471
20	0.50793	−0.08158	1.52097	−0.32362	−2.64194	−2.74235	0.18637
21	−0.82035	0.20706	0.29068	0.36556	0.11080	0.43502	1.01946
22	0.29697	−0.52937	−0.83526	1.35393	0.56837	−0.33982	0.99564
23	−1.14509	−0.83905	−0.81720	0.28681	0.60568	−0.21306	0.61260
24	0.43678	0.41478	−1.56709	0.09435	0.95964	1.48885	1.74223
25	−0.65020	0.26893	0.01983	0.21384	0.76147	−0.35363	−0.00001
26	0.75540	−0.48484	0.13692	−0.60000	−1.12966	0.57185	0.41174
27	0.34869	−0.09951	0.14020	0.27205	−0.01068	−0.60051	0.09438
28	−0.80318	−0.14391	0.40773	0.54827	0.92317	−0.31924	−1.73547
29	−0.78820	−0.21262	−0.50391	−0.23176	−1.51752	0.91352	−1.47901
30	−0.05343	−0.56363	−1.40475	1.90369	1.06632	−1.44955	0.24142
31	−0.22798	−1.48107	−1.06386	0.59474	−0.61417	1.08534	1.08580
32	−3.09932	1.40158	−2.02105	−2.25461	−0.54225	−1.30260	1.80008
33	−0.95040	0.93772	−0.70649	1.28724	1.32775	−0.23841	0.29630
34	−0.85281	−0.48500	−0.62298	0.23517	−0.22136	0.32438	0.33688
35	0.54854	0.08790	0.97140	1.13584	0.94494	−0.83225	−1.23254
36	1.11648	−0.01692	1.04477	−0.04166	1.11483	0.22651	−0.82427
37	0.20954	−1.57465	−0.12829	0.20393	−0.39758	−0.25515	0.25959
38	−0.53068	−0.03178	1.41768	−0.20662	−0.18365	−0.16796	0.80134
39	1.02231	0.01056	−0.41439	−1.33704	0.44643	−0.32866	0.83233
40	0.51415	−1.08211	−0.04392	−1.45586	0.30203	−0.33434	−0.75540
41	0.83959	0.31301	0.87647	−1.28230	−1.41420	0.34214	0.34573
42	−0.13777	−0.90950	1.41390	0.85885	−0.06754	0.70041	1.45708
43	0.65310	0.20310	1.44394	−0.92705	0.06036	−1.33546	0.09986
44	0.62231	1.00767	−0.65426	−0.43065	−0.60554	0.62080	−0.31517
45	1.02737	1.55816	0.01892	0.17235	−1.03575	−0.26635	−0.99945
46	−0.37600	0.61166	−0.98159	−0.01943	−0.96431	−0.42852	0.05330
47	−2.21028	2.06884	1.37626	−0.70087	0.51751	−0.22358	−1.23353
48	0.14435	0.03847	1.04281	0.86491	−0.04946	0.08289	0.44502
49	1.51661	−0.43520	−0.65905	−0.82133	−0.83150	−0.16903	−0.44694
50	0.87496	1.22485	1.00544	0.51586	0.30796	1.12592	1.21380
51	−0.53852	−2.32294	0.21665	−0.44607	−0.15112	1.58112	−0.69164

付　表

表3-1　インタビュー項目
(*)は重要項目。

第1の分野　準　備
(*)どの教科書を利用しているか
(*)その教科書を選択した理由はなにか
(*)教科書をどのように利用しているか
(*)教科書の記述を批判的に利用しているか
教科書や参考書に対して，どのようなスペックを求めているか
授業をどのように準備しているか(参考書，研究会など)
授業の準備にかかる労力は大きいか
(*)独自な資料(プリント，ビデオなど)を使っているか
週当たりの授業負担は重いか
(*)世界史の単位の学年配当はどうなっているか
担当クラス数とクラスあたり生徒数はどれくらいか
学内で，教員同士のつながりはあるか。社会科会などというかたちで，定期的・公的な話し合いの場はあるか
学外で，教員同士のつながりの場はあるか
歴史学・歴史教育関係の雑誌を講読しているか

第2の分野　授業・教育目的
(*)授業の目的はなにか
学校からは，授業の目的としてなにを求められているか
時間配分はどうなっているか
教科書の内容を全てカバーしているか
年間カリキュラムをどのように組んでいるか
(*)どの内容を重視しているか
(*)判断力の育成を重視しているか
歴史教育に求められている判断力とは，説明力か，批判力か，認識力か
『学習指導要領』の意義はなにか
系統学習・単元学習・主題学習を重視しているか
(*)判断力の育成と歴史的事実の教育との関係をどう考えているか
高校の世界史教育はどのようなものであるべきか
他教科とはどんな関係にあると思うか
世界史教育で得る知識は日常生活の役に立つか
なぜ歴史を学ぶのか
世界史必修化によって変化はあったか
(*)近現代史重視が叫ばれているが，「近代」はどこから始まると思うか

第3の分野　授業・教育方法
(*)教育方法としてなにを重視しているか
(*)どのような工夫をしているか
(*)生徒の反応はどうか
生徒はなにを要求するか
生徒は世界史に関心をもっているか

173

予習や復習を課しているか
(*)生徒をひきつけるものはなにか
生徒とのコミュニケーションを重視しているか
授業に対する生徒の参加を重視しているか
(*)生徒の自発性をひきだすにはどうすればよいか
どうすれば生徒を深く考えさせられるか
(*)歴史的事実の教育と学習意欲の喚起との関係をどう考えているか
望ましい教育方法や教育環境とはどんなものか
授業時間以外にも，世界史教育にかかわって生徒とコンタクトしているか

第4の分野　関連諸科学との関係
歴史学・教育学・教科教育学の成果は有益か
歴史学・教育学・教科教育学になにを求めるか
(*)社会史学や世界システム論は有益か・影響をあたえているか
「メタ認知論」は有益か・影響をあたえているか
さまざまな教授法提案(森分その他)は有益か・影響をあたえているか
教育現場と諸科学の関係はどんなものであるべきか

第5の分野　中学校・大学との関係
中学校とのあいだで，どのようなつながりがあるか
世界史教育に対する受験勉強のインパクトはあるか
大学入学試験はどのようなものであるべきか
大学の歴史教育になにを望むか
歴史学(研究)になにを望むか
高大連携はどのようなものであるべきか

引用文献

[1]歴史教育・社会科教育

安達一紀『人が歴史とかかわる力』（教育史料出版会，2000）
有田嘉伸「世界史A教科書の比較研究」（『長崎大学教育学部社会科学論叢』57，1999）
石山久男他『歴史教育の現在』（東京堂出版，2000）
岩永健司「世界史の指導計画」（社会認識教育学会編『地理歴史科教育』改定新版，学術図書出版社，1999，初版1996）
梅津正美『歴史教育内容改革研究』（風間書房，2006）
片上宗二『オープンエンド化による社会科授業の創造』（明治図書出版，1995）
加藤公明『日本史討論授業のすすめ方』（日本書籍，2000）
加藤好一『教師授業から生徒授業へ』（地歴社，1997）
木村誠「小学校で討論的授業はどうすれば成立するか」（歴史教育者協議会編『子どもが主役になる「歴史の討論授業」の進め方』，国土社，2002）
佐藤照雄他『社会科教育の理論と実践』（東洋館出版社，1988）
庄司他人男『学びのメカニズム』（ぎょうせい，2003）
鈴木哲雄『社会史と歴史教育』（岩田書院，1998）
高山博之『歴史教育の現実と課題』（東洋館出版社，1989）
田中武雄『現代社会科教育』（ルック，1996）
棚橋健治「新しい社会科学科の構想」（社会認識教育学会編『社会科教育のニュー・パースペクティブ』，明治図書出版，2003）
二谷貞夫「歴史像の形成と社会科」（教員養成大学・学部教官研究集会社会科教育部会編『社会科教育の理論と実践』，東洋館出版社，1988）
バーナード(Bernard, C.)『南京虐殺は「おこった」のか』（加地永都子訳，筑摩書房，1998）
原田智仁[a]「社会史研究に基づく歴史授業構成(1)」（『学校教育学研究』3，1991）
原田智仁[b]「社会史研究に基づく歴史授業構成(2)」（『兵庫教育大学研究紀要・第二分冊』12，1992）
原田智仁[c]「地理歴史科「世界史A」の認識論的考察」（『社会科研究』40，1992）
フィッツジェラルド(Fitzgerald, J.) "History in the curriculum" (*History and Theory* 22-4, 1983)
藤井千之助[a]『歴史意識の理論的・実証的研究』（風間書房，1985）
藤井千之助[b]『歴史教育研究序説』（広島経済大学地域経済研究所，1997）
藤井千春[a]「社会科の授業構成と子どもの知識の成長とについての考察（上・下）」（『社会科教育研究』54・56，1986）
藤井千春[b]『問題解決学習のストラテジー』（明治図書出版，1996）

松田至弘『世界史学習の研究』(教育出版センター新社，1987)
村井淳志[a]『学力から意味へ』(草木文化，1996)
村井淳志[b]『歴史認識と授業改革』(教育史料出版会，1997)
森才三「現代世界理解の歴史教育」(『社会科研究』42，1994)
森分孝治[a]『社会科授業構成の理論と方法』(明治図書出版，1978)
森分孝治[b]「歴史教育の革新」(『社会科研究』20，1972)
森分孝治他「中等社会科の教材開発」(『広島大学教育学部附属共同研究体制研究紀要』18，1990)
安井俊夫『学びあう歴史の授業』(青木書店，1985)
吉川幸男[a]「読書と社会科教材研究」(『社会科研究』40，1992)
吉川幸男[b]「学校歴史教育と「読者」の思考」(『社会科研究』50，1999)
吉川幸男[c]「社会科学習活動としての読解」(『社会科研究』39，1991)
歴史教育者協議会編『あたらしい歴史教育』第6巻(大月書店，1994)

[2]歴史と因果関係

伊藤公一「規範と人間」(東京大学『紀要比較文化研究』17，1978)
ヴィンデルバント(Windelband, W.)「歴史と自然科学」(同『歴史と自然科学・道徳の原理に就て・聖』，篠田英雄訳，岩波書店・岩波文庫，1929，原著1894)
ヴェーバー(Weber, M.)[a]「文化科学の論理学の領域における批判的研究」(同他『歴史は科学か』，森岡弘通訳，みすず書房，1965，原著1905)
ヴェーバー(Weber, M.)[b]『理解社会学のカテゴリー』(林道義訳，岩波書店・岩波文庫，1968，原著1913)
ヴェーバー(Weber, M.)[c]『社会科学と社会政策にかかわる認識の「客観性」』(富永祐治他訳，岩波書店・岩波文庫，1998，原著1904)
岡崎英輔「危機と連続性」(弘前大学『文経論叢』哲学篇8，1974)
岡崎勝世[a]『聖書 vs.世界史』(講談社・講談社現代新書，1996)
岡崎勝世[b]『世界史とヨーロッパ』(講談社・講談社現代新書，2003)
奥田隆男「リッカートとランプレヒト論争」(京都大学『経済論叢』136-4，1985)
鏑木政彦『ヴィルヘルム・ディルタイ』(九州大学出版会，2002)
岸田達也『ドイツ史学思想史研究』(ミネルヴァ書房，1976)
九鬼一人[a]『新カント学派の価値哲学』(弘文堂，1989)
九鬼一人[b]「認識と価値」(『理想』643，1989)
九鬼一人[c]「ヴェーバーとリッカート」(『思想』831，1993)
クラーク(Clark, E.) *History, Theory, Text* (Cambridge MA: Harvard University Press, 2004)
クーン(Kuhn, T.)『科学革命の構造』(中山茂訳，みすず書房，1971，原著1962)
コリングウッド(Collingwood, R.)『歴史の観念』(小松茂夫他訳，紀伊國屋書店，2002，原著1946)
斉藤博道「リッカートの歴史科学における「理解」からヴェーバーへ」(『理想』

480, 1973)
シュネーデルバッハ(Schnädelbach, H.)『ヘーゲル以後の歴史哲学』(古東哲明訳, 法政大学出版局, 1994, 原著1974)
スコチポル(Skocpol, T.)「歴史社会学における研究計画の新生と戦略の回帰」(同編著『歴史社会学の構想と戦略』, 小田中直樹訳, 木鐸社, 1995, 原著1986)
ストーン(Stone, L.) "The revival of narrative" (*Past and Present* 85, 1979)
関雅美「リッケルトの歴史哲学」(金沢大学教養部『論集』人文科学編11, 1973)
世良晃志郎『歴史学方法論の諸問題』(木鐸社, 1973)
竹本秀彦「歴史叙述と歴史的構想力」(『思想』807, 1991)
廰茂「「人間本性」と「歴史的・社会的現実」」(『社会思想史研究』10, 1986)
テイラー(Taylor, C.) "Interpretation and the sciences of man" (*Review of Metaphysics* 25-1, 1971)
ディルタイ(Dilthey, W.)[a]『精神科学序説』(上下巻, 山本英一他訳, 以文社, 1979/1981, 原著1883)
ディルタイ(Dilthey, W.)[b]『精神科学における歴史的世界の構成』(尾形良助訳, 以文社, 1981, 原著1910)
ドレイ(Dray, W.) *Laws and Explanations in History* (Oxford: Clarendon Press, 1957)
トレルチ(Troeltsch, E.)『歴史主義とその諸問題』上巻(全3巻, 近藤勝彦訳, ヨルダン社, 1980, 原著1922)
ドロイゼン(Droysen, J.)『史学綱要』(樺俊雄訳, 刀江書房, 1937, 原著1868)
仲内英三「近代ドイツにおける近代批判の知の系譜」(『早稲田政治経済学雑誌』321, 1995)
仲手川良雄『ブルクハルト史学と現代』(創文社, 1977)
ヒューズ(Hughes, S.)『意識と社会』(生松敬三他訳, みすず書房, 1970, 原著1958)
ピレンヌ(Pirenne, H.) "Une polémique historique en Allemagne" (*Revue Historique* 64, 1897)
フェイ&ムーン(Fay, B. and Moon, J.) "What would an adequate philosophy of social science look like?" (*Philosophy of the Social Sciences* 7-3, 1977)
フェーヴル(Febvre, L.)『歴史のための闘い』(長谷川輝夫訳, 平凡社・平凡社ライブラリー, 1995, 原著1953, 部分訳)
ブルクハルト(Burckhardt, J.)『世界史的諸考察』(藤田健治訳, 二玄社, 1981, 原著1905)
ヘンペル(Hempel, C.)[a] "The function of general laws in history" (*The Journal of Philosophy* 39-2, 1942)
ヘンペル(Hempel, C.)[b]『科学的説明の諸問題』(長坂源一郎訳, 岩波書店, 1973, 原著1965)
丸山高司『人間科学の方法論争』(勁草書房, 1985)

向井守『マックス・ウェーバーの科学論』（ミネルヴァ書房，1997）
森秀樹「ニヒリズムから価値哲学へ」（兵庫教育大学『研究紀要』20-2，2000）
ランプレヒト（Lamprecht, K.）『近代歴史学』（宮島肇訳，培風館，1946，原著1904）
リクール（Ricoeur, P.）[a]「説明と了解」（同『解釈の革新』，久米博他訳，白水社，1978，原著1977）
リクール（Ricoeur, P.）[b]『時間と物語』（全3巻，久米博訳，新曜社，1987-90，原著1983-85）
リッカート（リッケルト，Rickert, H.）[a]『認識の対象』（山内得立訳，岩波書店・岩波文庫，1927，原著1892）
リッカート（リッケルト，Rickert, H.）[b]『文化科学と自然科学』（佐竹哲雄他訳，岩波書店・岩波文庫，1939，原著1898）
リッカート（Rickert, H.）[c]『歴史哲学序説』（佐伯守訳，ミネルヴァ書房，1976，原著1924）

[3] 歴史における他者
アレント（Arendt, H.）『人間の条件』（志水速雄訳，筑摩書房・ちくま学芸文庫，1994，原著1958）
イグナティエフ（Ignatieff, M.）『ニーズ・オヴ・ストレンジャーズ』（添谷育志他訳，風行社，1999，原著1984）
上野千鶴子編『脱アイデンティティ』（勁草書房，2005）
小田中直樹[a]『歴史学ってなんだ？』（PHP研究所・PHP新書，2004）
加藤周一「日本文化の雑種性」（同『雑種文化』，講談社・講談社文庫，1974，初出1955）
姜尚中『オリエンタリズムの彼方へ』（岩波書店，1996）
キムリッカ（Kymlicka, W.）『多文化時代の市民権』（石山文彦他訳，晃洋書房，1998，原著1995）
コノリー（Connolly, W.）『アイデンティティ＼差異』（杉田敦他訳，岩波書店，1998，原著1991）
小森陽一『レイシズム』（岩波書店，2006）
コンフィアン（Confiant, R.）他『クレオール礼賛』（恒川邦夫訳，平凡社，1997，原著1989）
サイード（Said, E.）[a]『オリエンタリズム』（上下巻，今沢紀子訳，平凡社・平凡社ライブラリー，1993，原著1978）
サイード（Said, E.）[b]『文化と帝国主義』（上下巻，大橋洋一訳，みすず書房，1998/2001，原著1993）
齋藤純一[a]『公共性』（岩波書店，2000）
齋藤純一[b]『自由』（岩波書店，2005）
セルトー（Certeau, M.）『歴史のエクリチュール』（佐藤和生訳，法政大学出版局，

1996，原著1975)
高橋哲哉『戦後責任論』(講談社・講談社学術文庫，2005，初版1999)
テイラー(Taylor, C.)他『マルチカルチュラリズム』(佐々木毅他訳，岩波書店，1996，原著1994)
ドゥブレ(Deblay, R.)他『思想としての「共和国」』(みすず書房，2006)
西川長夫『国境の越え方』(平凡社・平凡社ライブラリー，2001，初版1992)
ハンチントン(Huntington, S.)『文明の衝突』(鈴木主税訳，集英社，1998，原著1996)
ホネット(Honneth, A.)『承認をめぐる闘争』(山本啓他訳，法政大学出版局，2003，原著1992)
三浦信孝『現代フランスを読む』(大修館書店，2002)
ムフ(Mouffe, C.)[a]『政治的なるものの再興』(千葉眞他訳，日本経済評論社，1998，原著1993)
ムフ(Mouffe, C.)[b]『民主主義の逆説』(葛西弘隆訳，以文社，2006，原著2000)

[4]その他
市川伸一『学習と教育の心理学』(岩波書店，1995)
ウォーラーステイン(Wallerstein, I.)『近代世界システム』(上下巻，川北稔訳，岩波書店・岩波現代選書，1981，原著1974)
小田中直樹[b]『日本の個人主義』(筑摩書房・ちくま新書，2006)
三宮真智子「思考におけるメタ認知と注意」(市川伸一編『思考』，東京大学出版会，1996)
杉村新一郎「知的能力はどう発達するか」(梶田正巳編『学校教育の心理学』，名古屋大学出版会，2002)
鈴木淳子『調査的面接の技法』(ナカニシヤ出版，2002)
波多野誼余夫編『自己学習能力を育てる』(東京大学出版会，1980)
ブロック(Bloch, M.)『フランス農村史の基本性格』(河野健二他訳，創文社，1959，原著1931)

あとがき

　それにしても，われながら遠くにきたものです。「フランス」の「経済」の「歴史」を専攻するものが「日本」の「教育」の「現状」についてリサーチし，その結果をどうにかまとめるにいたったわけですから，そんな感慨をもよおすこともとりあえず許していただけるのではないでしょうか。

　ただしこの道程は，おそらくは偶然に選びとられたものではありません。ぼくが学問形成した「比較経済史学」というトレンドは「日本」の「現在」に対する問題関心から「外国」の「歴史」を研究するというものでした。また，比較経済史学の創始者たちには，啓蒙あるいは「教育」に対する強い関心がありました。そんな環境で育ったのであれば，ことここにいたったのはけだし当然というべきかもしれません。

　リサーチのそもそもの出発点は「歴史ばなれが叫ばれている今日，歴史をどう語ればよいか」という，きわめて素朴な疑問でした。その背景には，ぼくも末席を汚している歴史学者コミュニティは歴史をしっかりと語っているか，歴史を語る方法をもっているか，という，疑問とも懸念とも危機感ともつかない感覚がありました。

　そこから，もしも歴史を語る方法が体得できていないのであれば，まずなすべきはしっかりと歴史を語っている人びとに知恵を借りにゆくことでなければならない，それではしっかりと歴史を語っている人びととはだれかといえば，いろいろなジャンルの人びとがいるだろうが，教育の世界にくらすぼくにとって身近なのはたかく評価されている教員の皆さんだろう，ここはひとつアンケートとインタビュー調査をお願いするしかあるまい……という考えにいたったわけです。記憶によればたしか2002年の夏のことですから，それからはや5年，ずいぶん時間がかかってしまいました。

　その後，本文にあるようなリサーチを設計し，実施にうつしました。その過程では，九州歴史科学研究会に招かれ，調査の中間報告をする機会に恵まれました。2004年9月におこなったこの中間報告は小田中直樹「歴史の語り方――高校世界史の教室から」（『九州歴史科学』33, 2005）として公表されているので，関心をおもちの場合は本書とあわせてご参照ください。また本書第5章第2節は，ドラフトの段階で，東洋大学人間科学総合研究所公開シン

ポジウム「アポリアのなかに」(2006年12月)で報告し，有意義なコメントを頂きました。関係各位にお礼もうしあげます。

　なお，体力勝負とでもよぶべき性格をもつリサーチがもとになっているという性格上，本書をとりまとめるにあたってはじつに多くの方々から協力を得ました。リサーチの企画，設計，実行，データ解析に際しては，石山幸彦，岩間俊彦，大橋達，緒方勇，川島美奈子，澤井実，出浦秀隆，内藤隆夫，藤井美男，山井敏章，山岸美智子の諸氏から多大なご助力を得ました。そして，だれよりも，ぼくのぶしつけな依頼にこたえてインタビューの時間を割いてくださった51人の先生がた(「はじめに」で先述)には，まったくもって感謝の言葉がありません。これらの方がたに心から謝意を表しつつ，本書がお力添えを無にしていないことを祈るばかりです。

　教育をいとなむことにも，歴史を語ることにも，まだポテンシャルはのこされている——これが，本書を書きおえてたどりついたぼくの感想です。

　　　2007年弥生　杜の都にて

小田中　直樹

　　　なお，本書の出版にあたっては，経和会記念財団から刊行助成を得た。
　　　記して謝意を表したい。

[第2刷にあたっての追記]
　本書1刷刊行後，話を伺った先生がたのお一人である柿崎秀紀先生(青森県立青森高等学校・当時)が2004年末に逝去されていたことを知りました。春まだ浅い雪の残る青森で，じつに楽しそうに，すべての授業をパワーポイント化するために払った大変な労力のことを語ってくださった先生の姿が思いだされます。ここに謹んでご冥福をお祈りします。

小田中直樹　おだなか　なおき
1963年生まれ。
東京大学経済学部卒業，同大学院経済学研究科単位取得退学，博士(経済学，東京大学)。
現在，東北大学大学院経済学研究科教授。
主要著書に『フランス近代社会1814～1852』(木鐸社 1995)，『歴史学のアポリア』(山川出版社 2002)，『ライブ・経済学の歴史』(勁草書房 2003&ダサンブックス 2006[ソウル，ハングル訳])がある。

世界史の教室から
せかいし　きょうしつ

2007年6月20日　1版1刷　発行
2012年9月20日　1版4刷　発行

著　著　小田中直樹
　　　　　おだなかなおき

発行者　野澤伸平

発行所　株式会社　山川出版社
　　　　〒101-0047 東京都千代田区内神田1-13-13
　　　　電話　03(3293)8131(営業)　8134(編集)
　　　　http://www.yamakawa.co.jp/
　　　　振替　00120-9-43993

印刷所　株式会社　太平印刷社

製本所　株式会社　手塚製本所

装　幀　菊地信義

©Naoki Odanaka　2007
Printed in Japan　ISBN978-4-634-64027-6

・造本には十分注意しておりますが，万一，乱丁本などがございましたら，小社営業部宛にお送りください。送料小社負担にてお取り替えいたします。
・定価はカバーに表示してあります。

歴史学のアポリア　ヨーロッパ近代社会史再読

小田中直樹 著　アポリア(難問)に満ちた歴史学の可能性を求めて戦後日本のヨーロッパ近代社会史研究を振り返り、今、歴史学の存在理由を問う。　四六判　224頁　2835円(税込)

世界史へ　新しい歴史像をもとめて

樺山紘一／木下康彦／遠藤紳一郎 編
世界史教育の現場に立つ歴史家たちが、その実践の体験に基づき書きおろした、広範な読者へのメッセージ。
学校教育・生涯教育の観点から、世界史における理論や方法と今日的課題を明らかにする。　四六判　328頁　2625円(税込)

新版　世界史のための人名辞典　水村光男 編著

世界史に登場する約1900名を網羅し、エピソードや時代背景を交えて詳細に紹介する、ハンディな"読む辞典"。
　　　　　　　　　　　　　四六判　500頁　1575円(税込)

歴史と地理　山川出版社編集部 編

教師と学生のための研究教養誌。
日本史・世界史は年間各4冊、地理は2冊の発行。とくに教育現場の教師および学生と学界とを結ぶ研究動向や現場報告に力を入れ、最新の情報を提供。　　A5判　平均72頁

世界史の研究　2・5・8・11月　　各120円
日本史の研究　3・6・9・12月　　各120円
地　理の研究　4・10月　　　　　各110円
　　　　　　　　　　　年間購読料1180円(税込)